井上ひさしの日本語相談

井上ひさし

朝日文庫

本書は二〇〇二年八月、朝日新聞社より刊行されたものです。

井上ひさしの日本語相談●目次

井上ひさしの日本語相談

ことわざ・格言は古くさいか

〔問〕

小学生の息子が一向に本を読まないので「『本は人なり』。もっと読書しなさい」というと、「何それ、お父さん」と尋ねるので、「本を読むと人に出会える。読書は世界を広げるということだ」と説明したところ、「初めて聞いた」といっていました。かつて「文は人なり」「百聞は一見にしかず」などということわざ・格言の類（たぐい）は日常的に使われていたのに、最近はそんなことをいう先生や親がいなくなったのかと驚きました。こういう言葉はもうなくなってしまうのでしょうか。といって、これを嘆くと私がいかにも古い人間のように思われはしないかと、それ以上、息子に何もいわなかったのですが。

（東京都渋谷区・会社員）

ことわざ・格言は古くさいものでもなければ、前世紀の遺物でもありません。ちょっと点が甘いかもしれませんが、ことわざ・格言はわたしたち一般人の、実人生のための哲学と云い切ってもいいほど有効にして有益なものなのではないかとさえ思います。

*

もっとも、かく申す筆者自身、少年時代や青年時代に、周囲の大人たちがことわざ・格言のたぐいを口にするのを聞くたびに、「なにをいってるんだろ」だの、「まあ、気取っちゃって」だの、「古いなあ」だのと、軽い反撥を感じていた一人でした。それがあるとき、一人の娘さんと出会って恋をしたとたん、絶世の美女でもないのに、ことわざに言う「面々の楊貴妃」、なんだか凄い美人に見えて来て一緒になってしまいました。子どもが生まれて、その子が育つにつれて「負うた子に教えられて浅瀬を渡る」という平凡なことわざが身にしみるようになりま

日常の言葉で人生の教訓を説き、世相をうがち、知識を教えるところが哲学とはちがう。

本来、ことわざは偶数句から成り立ち、神の宣り下す威力ある呪言の中心部分であったらしい。一方、人間の方から神に申し上げる役は歌。これは奇数句を基本型式としている。

した。そしてこんど離婚になってみますと、「身から出た錆（さび）」とか、「世は七さがり七あがり」といったことわざに、なるほどと思ったり、また励まされもしたりするのです。どうも長く生きれば生きるほど、ことわざ・格言に感心する度合いが多くなるような気がします。となると逆に、ことわざ・格言はもともと、子どもたちを感心させるような具合にはできていないのかもしれません。ですから、子どもたちに白い目で見られるのは覚悟の上で、どしどしことわざ・格言を口にする蛮勇を、わたしたち大人は持つべきだと思います。彼等の耳にことわざ・格言をうんと吹き込んでおいてやるのです。あとでじんわり効いてきて、役に立つのはたしかですから。

　余談ですが、「汁あるものは手に持ちてくらうべし」ということわざがあります。へへーっと思って、わたしの師事するお料理の先生に、「これ、ほんとうですか」と伺いを立ててみました。すると師の曰（いわ）く、「それは日本料理をいただくときの基本です。だって、汁がこぼれるのをおそれて、こっちから器（うつわ）に

ことわざには表現上の工夫があるから好きである。

①概数でなく、具体的な数詞を用いる。「十人十色」

②誇張。「雀（すずめ）百まで踊り忘れず」

③対比。「合せものは離れもの」

④比喩（ひゆ）。「どんぐりの背くらべ」

⑤省略。「（おそろしいものは）地震雷火事親父（おやじ）」

⑥口調のよさ。（西宮一民氏の説）

顔を近づけて行くと、姿がみにくくなるでしょう」と。たった一行のことわざが、日本料理の食べ方の基本をぴしゃりとおさえているのですから、なかなかみごとではありませんか。

ただし、正反対のものが対になっていますので使うときには注意が肝腎。「渡る世間に鬼はない」と云った口で、すぐ「人を見たら泥棒と思え」と云ったりしますと、かならず白い目で見られます。それと子どもたちは、コトバ遊びの入ったことわざが結構好きなようで、それは一時のビックリハウス・ブームを見ればよくわかります。たとえ内容には乏しくとも、「驚き、桃の木、山椒の木」とか、「だんだん良くなる法華の太鼓」とか、語呂のいいことわざをふんだんに使って、子どもをおもしろがらせておく日常活動が大切でしょう。

最後に、これは個人的な見解になりますが、わたしは「長いものには巻かれろ」「人の踊るときは踊れ」といった事なかれ主義を教えることわざはあんまり好きじゃありません。この手のことわざをなんとか超越したいと念じています。つまりことわざはとても立派な努力目標にもなるんですね。それから好きな格言は「暮しを低く、志は高く」です。なお、格言についてはほとんどふれることができませんでしたが、事情はことわざとよく似ていると思います。

ここで筆者が最近どきっとさせられた格言をひとつ。
「老年とは結局のところ長く生きたことに対する罰に他ならない」

親切過剰の掲示の不思議

〔問〕

わが家の近くの踏切には、遮断機にペンキで「くぐるな」と書いてあります。これを見るたび「くぐるわけないだろうに」とあきれてしまいます。あるデパートのエスカレーターでは、床に「降りるときは右足から」と、足型まで描かれていました。こんな指示は街じゅうにあふれています。こういう習慣はいったい、いつごろ、どこからきたのでしょうか。

（東京都世田谷区・会社員）

＊

おっしゃることは、じつによくわかります。このあいだ東北新幹線の車内で、筆者も似たような苛立ち（いらだ）をおぼえました。列

最近、東北新幹線に

車が間もなく郡山に着こうという頃、車内アナウンスが、「郡山で、名物の薄皮饅頭が入る予定でございます。どうぞ御利用ください」と告げ、郡山駅のプラットホームを離れた途端、「郡山名物薄皮饅頭を販売に御席へうかがいます」という知らせが流れてきました。

ここまではまだいいとして、呆れ返ったのは福島近くで聞こえてきた次のアナウンス。「郡山名物薄皮饅頭は只今、無事に売り切らせていただきました」

「売り切らせていただく」という待遇表現もはなはだ妙ですけれど、この押しつけがましさは一体何なのだ、とすこし腹が立ちました。

また、電話ボックスに入れば「きれいな電話でたのしい会話」という標語のようなものが貼ってあります。きれいな電話＝電話機にいたずら書きをしたりして汚すな、というのはわかりますが、「たのしい会話」とは余計なお世話。苦しい金策の電話もあれば、辛い別れの電話もあるでしょう。親族の死を知

乗ったら、前よりは静かになっていた。ただしJRになってからは車掌さんが余計なお喋りをするようになった。

大井町線（大井町―二子玉川園）というのがある。ここによく喋る車掌がいる。次の駅はどこか、どちら側のドアが開くかからはじまって、沿線の名所案内から、その日のニュースまで、ひっきりなしに喋っている。「サービス＝喋ること」と勘ちがいしているらしい。ほんとうに日本の乗物はうるさくてかなわない。

らせるための悲しい急ぎの電話もあるにちがいありません。

そういった事情を読み込むことなしに「電話ではたのしい会話を」と単純に括ってしまう神経にはほんとうに降参してしまいます。つまり、このような言葉運用をする側は、相手を子ども扱いしているのです。踏切のペンキ文字、デパートの足型、すべて同じことで、通行人やお客をガキ扱いしているからこそ、そんな余計な世話まで焼きたくなってしまうのです。

では、このような言語運用をする側に立って考えてみましょう。たぶん大勢の乗客が販売員に、「おい、郡山で薄皮饅頭が入るかい」と聞くにちがいない。NTTには「電話ボックスが汚いぞ、なんとかしろ」という注意がたくさん殺到し、踏切番には「何も出ていないのは危ない」と進言する人が続出し、デパートでは「客のせいで転んでも、こっちに責任がくるからね。なんとかしないと」という会議が開かれたのではないか。つまり、要求や必要があるからこそ、彼等はわたしたちをガキ扱いせざるを得なくなるのではないか。

つまり公的な場所に出ると、わたしたちは意外や意外、大人でなくなってしまう。公的な場所では、自分のことは自分でやり、他の人に迷惑をかけず、できるだけ静かに振る舞う。そういうしつけが私的な場所（たとえば家庭）できちんとしつけられていないために、公的、あるいは準公的な場所の管理者たちからガキ扱いされ、余計な世話を焼かれているのではないでしょうか。そして悲しいかな、これは戦前からの習慣です。それは戦前の「生めよ殖せよ国のため」（昭和十四年）という大標語から、日常生活での「まめに電気は消しませう」（昭和十五年）という世話焼きまで、実例は山のようにあります。そういえば世話焼きおばさんたちが鋏を持って街頭に出て、道行く人の長袖をちょん切ったりしたのもこの頃でした。そこで公的な場所で余計な世話を焼かれないしっかりした大人になれば、こういったしゃらくさい習慣は姿を消すだろうと、筆者は信じております。

もっとも味のある世話焼きは大歓迎で、たとえば、岡田有希

大急ぎで食物を呑み込み、頭の中は株価とセックス以外はからっぽのまま、ドブネズミ色の背広と派手なゴルフ・ウエアしか持たず、プロ野球の実況に耳を傾け、工業製品の優秀性についてお決まりのごたくを並べ、我こそは世界で一、二を争う経済大国の民と思っている陰気な能面のような人々――それがわれわれ日本人。

（これはアメリカの作家シンクレア・ルイス〈一八八五～一九五一〉の名言をパロディにしたものです）

子さんが投身自殺したビルの隣の建物の持ち主は、彼女のあとを慕って自分のビルから飛び降りかねない少年たちのために、次のような貼り紙を屋上に掲げたそうです。

「一寸(ちょっと)待て、そしてよく考えよう。あなたはスターではない」

ニホン、ニッポン、どっち?

〔問〕

いったい、私たちの国の本当の名前はニホンでしょうか、ニッポンでしょうか。何というのでしょうか。同じ日本橋でも東京ではニホンバシ、大阪ではニッポンバシと呼んでいます。この欄もニホン語相談と読むのか、ニッポン語相談と読むのか迷います。いったいどちらが正しいのでしょうか。

（長野県上田市・無職）

＊

外国人たちも同じ疑問を抱いたことがありました。昭和初期に地理関係の国際団体が同じ質問をしてきたのです。同じ頃、国内でも「ニッポンとニホンの二本立てはまずい」という声がおこり、一九三四年の文部省臨時国語調査会で、ついに〈ニッポンを正式呼称とする〉という案が議決されました。もっともこの案が法律に制定されるには当時の日本はいろいろと忙しすぎ、そのまま放置されて現在も依然として二本立てで使用されています。ものの本によりますと、少なくとも室町時代あたりから、このニッポンとニホンの二本立てがつづいているようですから、これはなかなか由緒のある二本立てなのですね。

もっとも使用例をぼんやり眺めているうちにわかったことですが、日本人は、なんとなく両者を使い分けているようです。たとえば公の部分が大きいほどニッポンという呼称が幅をきかせます。ニッポン銀行、ニッポン放送協会、大ニッポン帝国憲法というように。

また議論に熱が入ったり、演壇上で愛国心についてウンヌンしたりするときは、つまり日本を強く意識したりするとついついニッポンと促音で発音してしまうみたいですね。

ただし最近は、ニッポンはやや敬遠されており、辞書でニッポンを引くと「↓ニホン」という具合になっています（『新潮現代国語辞典』その他）。

それにしても、なぜわたしたち日本人は、この国号呼称の二本立てに平気でいられるのでしょうか。わたしたちにどこかグータラ兵衛（べえ）でだらしのないところがあるのでしょうか。丸谷（まるや）才一さんの説はこうです。

「ひとつのコトバに二通りの発音があってもさしつかえないのではないか。やっぱりとやはりにしたって両者併用でしょう」

たしかにその通りです。「あいそう・あいそ（愛想）」、「あぶらあげ・あぶらげ（油揚げ）」、「えこじ・いこじ（依怙地）」、「しこう・せこう（施行）」と、その例はすこぶる多い。聞くべき説だろうと思われます。

他人の受け売りばかりでは無責任ですからわたしの説を掲げますと、わたしたち日本人は、発音にはあまり厳格な態度で臨むことがない。どう呼ぼうが、また呼ばれようが、案外、無頓着（むとんちゃく）なところがあります。しかし一方では、どう表記される

ただし最近では漢字に対する信仰がうすれてきたようである。かわりに擡頭（たいとう）してきたのが片仮名で集合住宅な

かに重大な関心を抱いている。すなわち、国号が漢字で「日本」と定めてあればもうそれで充分で、それがニッポンと呼ばれようがニホンと呼ばれようが、ちっとも気にしない。心の中で「日本」という漢字を思い浮かべることができれば安心なのです。とくに地名の場合に、それがいちじるしい。

ちかごろでは、つつじが丘とか、ゆりが丘とか地名を平仮名で書く例も見かけられますが、それでも住所表記の大部分は漢字です。漢字こそが地名であるという信念が、わたしたちにはあるようです。

なお、小学館の『日本国語大辞典』によれば「『日本』は呉音の字音よみとしてまずニッポンと発音された」のだそうです。それがしだいに、日本的にやわらかなニホンに変わっていったらしい。そして現在では、前述したようにニホンが主流になりました。結構なことです。ちなみにいまの憲法を正式には「ニホン国憲法」と呼びます。

どは、ほとんど片仮名である。コンドミニアム、コーポラス、テラス、メゾン、ハイム、アビタシオン、パレスなど枚挙にいとまがない。社名変更も大流行、日本警備保障がセコムに、三共電器がサンデンに、東洋工業がマツダになった。商品名はもっとすごい。SUPER DRY（ビール）AS/400（コンピュータ）α-7000（カメラ）などアルファベットと数字だけのものまで出てきている。地名がそうなったら、もうここはアメリカ合衆国の準州である。

「……的」の的確的使い方は？

〔問〕

中曽根総理は、「個別的自衛権」「政治戦略的」「大乗的見地」など、よく「的」を使います。プロ野球解説者は、「気持ち的」「欠点的」を頻発します。しかし「郷ひろみ的心情」という使い方もあるそうです。「井上ひさし的行動」「山藤章二的巧みさ」では、ファンとして立腹的になるではありませんか。「的」の、的確的な使い方を教えてください。

（札幌市・楠本大）

＊

「……的」の氾濫（はんらん）は、柳田国男のいう〈形容詞飢饉（ききん）〉のせいではないでしょうか。この百年間、西欧文明が洪水のように日本へ流れ込んできました。誤解をおそれず粗っぽくいえば、文明とは名詞の一大集団のことですから、たちまちこの狭い島国に横文字そのものや、横文字を漢語に移しかえた名詞が溢れかえってしまいました。ところがその名詞の数に見合うだけの動詞や形容詞、そして形容動詞のようなもの（「……的」というのは、まさにこの形容動詞に当たります）は入ってこない。そこで名詞以外の品詞が品切れになってしまい、形容詞や形容動詞に関しては、入にいたっては、ほとんど皆無にひとしい。接続詞の移入にいたっては、ほとんど皆無にひとしい。

「……的」だの、「……式」だの、「……風」だのといった接尾語を名詞（それも二字繋ぎの漢語）のあとにくっつけて、品不足をおぎなっているわけです。と、まあ、以上が、わたしのずっと前からの持論で、くわしいことは『私家版日本語文法』という書物に書きましたので、機会がおありでしたら書店ででも立ち読みなさってください。

このように、「……的」のついたコトバは、形容詞や形容動詞の品不足を解消するための便法ですから、原則的にはいくら使おうと構いはしません。がしかし、連続的、集中的、持続的、

ほかにも「……上の」「……に関する」「……としての」「……の性質をおびた」「……の状態をなす」「……のような」などをつけて、名詞を形容詞や形容動詞に転換することができる。

焼糞的に使用いたしますと、そのうちに使っている人間が痴呆的に見えてきます。見えてくるだけならまだしも、迫真的痴呆そのもの的存在になってしまいます。二字繋ぎの漢語に「……的」をつけますと、なにひとつましなことを云っていないのに、なにかましなことを云っているような錯覚におちいるのですね。漢語のいかめしさと「……的」のもっともらしさとが結びついてニセモノの学問的雰囲気が立ちこめ、使用者はそれにすっかりだまされてしまうのです。ナカソネ氏の悲劇もまさにこの錯覚にありました。「……的」「……的」を連発しているうちに、自分がなんだか偉そうなものに思われはじめ、結局はアメリカの知的水準をウンヌンして失言、その痴的本性を満天下にさらしてしまいました。ですからくれぐれも濫用は禁物。大事なところで一つ二つ的確にきめる。これが「的確的使い方」でしょうか。

別の便法として、二字繋ぎの漢語に「ナ」をつけるやり方があります。たとえば一人の婦人をほめるのに、「優雅な」「清楚な」「神秘な」「華麗な」「純粋な」「純潔な」などとやる方法です。これまた濫用すると、手軽な、安易な印象をあたえてしまいます。「……的」はうさんくさい、「……な」は安直だというので、片仮名英語を使う風潮もさかんです。ファンタスティック、エキゾチック、ロマンティック、ゴージャスといった類(たぐい)の形容法ですが、これも一人よがりでペダンチックですね。

ごく最近、若い人たちの間に、名詞に「……っぽい」をつけて、ものを形容するならわしがひろまりつつあるようですが、これもまた、形容詞飢饉をなんとか解消しようという努力のあらわれだと思われます。わたしの好みとしては、「……的」や「……な」や片仮名英語よりは、「……ぽい」や「……くさい」や「……らしい」を名詞のあとに連らねるやり方のほうが好きです。こっちのほうが、日本語っぽい、やまとことばくさい、いかにも母国語らしい感じがしますから。

四大美人とはなぜいわないの

〔問〕よく、クレオパトラ、楊貴妃、小野小町が世界の「三大美人」といわれますが、いったいだれが、いつ、なにを基準にして選出したのでしょうか。また、欧米の人もこの事実を知っているのでしょうか。

また、「三大夜景」「三大名橋」「三奇人」「三悪」「三景」などと、よく「三」にしぼって話をしますが、なぜ日本人はすぐ三にしぼるのでしょう。それとも欧米人にもやはり三にしぼって話をする習慣があるのでしょうか。

（宮城県柴田郡・水上敏子・三十八歳）

＊

同じ類に属するものを三つ並べると、どういうものか、みごとな安定感が得られます。たとえばここに一人の「トロくさい男」がいて、彼をコトバであらわそうとすると「にぶい」という形容詞一つではとてもあぶなっかしい。これに「間が抜けている」を加えるとややはっきりしてくるがまだ十分ではない、なんとなく手を抜いているような感じがする。そこでもう一つ奮発して「にぶくて、間が抜けていて、動作や反応がのろい」というように三つ並べると、これで手をつくしたという安心や、説得力が生まれてきます。四つ以上並べて「にぶくて、間が抜けていて、動作や反応がのろくて、鈍で、ドジで、ぐずで、へまばかりする」とすると、かえってよくわからなくなってきます。どうやら、三つ並べれば十分、三つでその世界は完全になるという感じ方が人間にはあるらしい。ギリシャの哲学者のピュタゴラス先生も「三は、初、中、終をあらわすから完全な調和の数である」と説いていますが、これはそのへんの事情をよく言い当てているように思われます。べつにいえば、三は構造体をつくり得る数なのですね。それは三脚をみればよくわかります。脚が三本あればどんな所にでもしっかりと立ち、重いカメラをのせても平気です。

キリスト教も三を重視しています。三位一体の玄義や、地獄、煉獄、天国の死後の三大世界などがあるのを見ればそれは明らかでしょう。もっともわが国にも三種の神器なるものがありますし、ひょっとすると三は、宗教者には神秘を感じさせるのかもしれません。そういえば西洋に「三R」というコトバがありました。これは西洋版の読み書きソロバンで、読書（Reading）、習字（Writing）、算数（Arithmetic）のことです。アメリカには「三A」というサラリーマンの三悪があります。事故（Accident）、欠勤（Absenteeism）、アルコール中毒（Alcoholism）の三つだそうです。こうしてみると、三に話をしぼるのはなにも日本人の特許ではないらしい。そうそう、アチラ生まれの野球も三が基本になっていますね。三ストライクで三振、三死で攻守交代、九人の選手で九回攻守を行って試合終了、たしかに三に基づい

仏教でも三が基本数になっている。「三界」（一切の衆生が生死流転する迷いの世界、すなわち欲界、色界、無色界）「三学」（仏道修行の最も基本的な三つの部類、戒学・定学・慧学）「三帰」（仏・法・僧の三宝に帰依すること）「三具」（仏具の花瓶・燭台・香炉）「三業」（身業、口業、意業）「三蔵」（経蔵、律蔵、論蔵の仏教聖典の総称）「三時」（過去、現在、未来）「三生」

たゲームです。

かつて松竹に城戸（きど）四郎という名プロデューサーがおりました。彼もまた三に注目した一人で、上原謙、佐野周二、佐分利信を松竹三羽烏（さんばがらす）として売り出し、戦後は佐田啓二、高橋貞二（ていじ）、鶴田浩二を青春三羽烏に仕立てあげて成功をおさめました。この人に、「ギャグは三回くりかえせ」という名言があります。これは映画やテレビの脚本、それから戯曲を書く者には身にしみるほどありがたい助言で、稚拙な例でいいますと、登場人物の一人に鼻持ちならない成り金がいて、彼を一回、バナナの皮で転ばせたなら、あと二回、尻餅（しりもち）をつかせよ、という教えです。一回ではただのくすぐり、二回目で観客は「おや？」と思い、三回目で笑う、四回以上は悪ふざけ。その作品の主題なども三個所ぐらいにばらまいておくと、観客や読者にうまく伝わるようです。

なお、筆者の師事する料理の先生は「世界の三大料理はフランス料理に中国料理、そして最後は……」というふうに云うの

（前生、現生、後生）「三世」（前世、現世、来世）など。

本筋とはまったく関係ないが「三語族」という新人種がいる。「ホントーッ、ウッソーッ、カワユーイ」の若い女性、そして家に帰ると「メシ、カネ、ウルサイ」しか云（い）わない中・高男子生徒のこと。この場合も「三語族」だからおさまるのであって、「二語族」や「四語族」ではなんだかぴんとこない。このように三には安定性がある。

がよろしいと教えてくれました。最後の一つには、日本人の前なら「日本料理」を、イタリア人が同席していたら「イタリア料理」を入れればよい、ということらしい。三大夜景とか三大名橋とかには、この手のものが多いようです。つまり二つ有名な例を並べ、その中に地元の名物や、参会者の気持ちを勘定に入れたものを加え、ある世界を完結させるわけです。

他人のパンツでレスリング?!

〔問〕

通訳をしていて、「他人の褌で相撲をとる」という発言を、とっさに「他人のパンツでレスリングをするな」と訳しました。後になって考えてみると、これは明らかに誤訳で、この場合での褌は「力」とか「権威」とか解釈すべきで、わたしのとっさの訳では不潔感しか残りません。友人は、「僕だったら『他人の女房に売春させて稼ぐな』と訳すけれど」といっていますが、これはどうも場面によっては使いにくい。日本語を駆使することに長けておられる回答者の方がたは、これにどんな訳をおつけになるか。また、なぜ褌が「力」や「権威」をあらわすようになったかを、お教えください。

（東京都大田区・ロシア語通訳）

＊

わたしがまだ子どもだったころ、水泳着といえば六尺褌と相場がきまっていました。ちなみに女の子は丸裸で泳いでおりました。そこで水泳場（最上川支流）の使用は時間で区切られ、午前中と午後三時以後は女の子、正午から三時までは男の子ときめられていました。田舎のことですから大人たちの中にも着物のひとが多く、たとえば自転車をまたぐときなどに、褌の前垂れ（?）がちらと見えたりもし、また真夏の田の草取りなども男は褌一本。そんなこともあって褌＝男と思い込んできました。この思い込みを助けたのは辞典の定義で、どんな辞典を引いてもその冒頭は、「男子の陰部をおおい隠す布」となっています。そこでわたしの心の中に、褌＝男＝力といった等式がしっかりと仕込まれてしまったわけですが、ご質問に導かれて調べているうちに（これには私見がかなり混ざっているけれど）前述の等式はごくごく近代になってから成立した、それも不正確な

それもなぜか赤褌でないと、しまらないのであった。

なお、越中褌のことを山形県南部では「ケツワリキンカクシ」という。だれに言っても信用されないが、これはほんとうである。

ものらしい、ということに思い当たりました。大正初期、脱脂綿が出まわるまでは女性も褌をしていたようなのです。さらに褌史をさかのぼると、驚くべし、褌は女性のからだの都合からはじまったもののようです。そしてこの便利重宝なものを男性も使いはじめた。ずいぶん長い間、両方が使っていて、脱脂綿の登場を機にだんだん男性専用になっていった。各地、各時代の民俗資料などを見てまとめると、右のようなことになると思われます。紙幅が限られているので、その証拠をすべて掲げることができませんが、ひとつだけ『折口信夫全集』（中央公論社）第三巻から孫引きしておきましょう。

「十五歳になると、褌を締めて、若衆宿へ仲間入りの挨拶に行く。此行事の事を、袴著というて居る。……此二度の袴著を終つたものを、をとこ・をとめといふ。……（これが）すむと、立派な一人前の男女になる。だから、一人前の男女になってから、初めて褌を締める」（「大嘗祭の本義」）

もうひとつおまけをつけますと、沖縄の宮城文さんがお書きになった『八重山生活誌』などによれば、沖縄でも戦後かなりたってからも、女性は「もっこ褌」というものを使っていたそうです。こうしてみると、褌＝男＝力という等式はとても頼りのない、不正確なものに思われてきます。むしろ褌＝男女＝汚れがひどいのでとても他人には貸せないもの、という等式をたてた方がよいのではないでしょうか。となると、その「とても他人には貸せないもの」を自分の利益のために勝手に利用する、それは汚くて不潔な行為だとこの諺（ことわざ）は云（い）っているわけですから、「他人のパンツでレスリングをするな」が、じつはもっとも正確な訳だったと思います。筆者ならば、汚くて不潔な行為だということを強調するために、そう、「他人が尻（しり）を拭（ふ）いた紙で鼻をかむ」とでも訳しましょうか。これは強すぎて意味がねじ曲がってしまうようであれば、「他人の歯ぶらしで歯をみがく」、あるいは「他人の義歯（いれば）でゴチソーをたべる」といったところでしょうか。

謙譲語「申す」と丁寧語「申される」

〔問〕

「申す」という語は、「言う」の謙譲語である。昔、高校でそう習いました。ところが一九八六年の十二月十二日号のパロディ選評で、井上ひさしさんが、〈丸谷才一さんがこう申されました〉という表現をなさっているのを見つけました。井上さんの表現にまちがいのあるはずがないと思うと、「申す」の用法がわからなくなりそうです。

(滋賀県彦根市・星川美奈子)

＊

待遇表現の大本(おおもと)は、いまさら申すまでもなく、「話し手の、周囲への気配り」です。この待遇表現には大きく分けると四つあって、第一が自分を高める尊大表現、「おれさまがみごとにつかまえてみせるわい」という具合に、周囲にマイナスの気配りをいたします。第二の、話題になっている人物をおとしめる軽卑表現もまたマイナスの気配りで、「あの野郎め、簡単につかまえやがった」などというのがそうです。第三は、相手への親しみをあらわす親愛表現で、「ナントカちゃん、はやくつかまえてちょうだい」などがそう、これは親愛の情のこもった気配りでしょうか。ここまでは、むやみにまちがうことはありません。がしかし、むずかしいのは第四の尊敬、謙譲、丁寧、美化の各表現、いわゆる狭い意味での敬語です。とりわけ尊敬と謙譲、これはむずかしい。とくにむずかしいのは、謙譲表現です。相手や第三者を尊敬しようとしてへりくだってものを言っているはずが、使い方を誤って相手や第三者をおとしめてしまったり、あべこべに自分の方を高めてしまったりします。この間、テレビを眺めていたら、アナウンサーがこんなことを言っていました。

「ここに××さんがおります。ご感想をうかがってみましょ

尊敬語の「お——になる」と「ご——になる」の使い分けはなかなかむずかしい。だが、次のようにおぼえておくと便利だろう。
まず、それが漢語かどうかに注意する。たとえば「却下」という名詞がある。辞書を引

う」

オルは謙譲語ですから、主語は話し手自身でなければなりません。そうしないと相手を立てるために自分がへりくだるというせっかくの気配りが台無しになってしまいます。また、この間、書物を抱えて食料品店で買い物をしていたら、店員さんから、こう声をかけられました。

「そちら（書物のこと）もお包みいたしますか」

イタスも謙譲語です。店員さんが動作を自分に引きつけて、「（私が）お包みいたします」といえば、お客を立ててアッパレなサービス魂を発揮したことになったでしょうが、惜しいことに彼は動作をお客（持ち物）にかけてしまいました。気配りとしてはあくまでもお客を立てようとしているのに、表現としてはお客をぞんざいに扱ってしまったことになります。

さて、問題の「申す」も謙譲語ですから、わたしはひょっとすると丸谷才一さんに失礼を働いたことになるのかもしれません。がしかし、じつは昨今、〈自分の動作を低くすることで、

けば漢語とわかる。だったら「ご却下になる（あるいは、ご却下なさる）」と「ご」をつければよい。また、たとえば「刻む」という動詞がある。これは大和言葉である。大和言葉なら「お刻みになる」と「お」になるのである。例外はないでもないが、一般的なきまりとして「漢語には『ご』」とおぼえるとよい。

間接に相手を尊敬するという謙譲表現は先細り〉という、静かですが大きな動きがあるのです。言語の経済法則とでもいうのでしょうか、人間はすこしずつ言語を怠けて使う癖があって、この癖が謙譲表現にも及びつつあるらしい。つまり七面倒な言葉や言い方をやさしいやり方にかえてしまうのです。そこでたとえば辞典も「申す」の項に次のような注釈を加えるようになりました。〈今日謙譲語としての用法が一般的で、「申される」は誤用と考えてよい。ただし、丁寧語として「言う」の代わりに使われることもある。〉（『現代国語例解辞典』小学館。八五年）と。

かつて主体的所有には「御……様」という敬称をつけるのが定法のようなものでした。御気の毒様、御苦労様、御世話様、お楽しみ様、御面倒様、御利口様、御不自由様、御機嫌様、おせっかい様、御災難様、御難儀様、御不足様、お大抵様というように。これは一種の美化語といってもいいと思いますが、これも言語の経済法則によって、つぎつぎに姿を消しております。

「申す」の場合と似たようなことが起こっているにちがいありません。——というところでわたしの弁明はおしまいです。

紋切り型をどう思いますか

〔問〕

文章表現に紋切り型というのがあります。たとえば、新聞記事の「愛嬌（あいきょう）」を「ふりまく」、「涙」を「さそう」、「古式ゆかしく」などです。こういう紋切り型は、しばしば文章講座などで槍玉（やりだま）にあげられておりますが、さて、では本欄の回答者の方々なら、どう違った表現をなさいますか。ついでに紋切り型へのご意見をおきかせください。

（兵庫県・宮崎修二朗）

＊

正直に申しますと、すくなくとも私は紋切り型表現の支持者の一人です。「愛嬌をふりまく」「涙をさそう」「古式ゆかしく」など、いずれも意味がよくわかってすこぶる結構。そこで私には「別の、ちがった表現」をお目にかけなければならぬ義務も自然に消滅してしまったと思うのですが、いかがでしょうか。

どなたもよく知っておいでのように、コトバは約束事です。私が天に白熱して光り輝くものを指さして、いかに声を嗄(か)らして「あッ、ホンニャだ。ホンニャが出たから今日は暑くなるぞ」と叫んでも、これは無益なことです。「天に白熱して光り輝くもの」を日本では太陽・お天道(てんとう)様・お日様と呼ぼうという約束事がしっかりとある以上、「それでも、あれはホンニャだ」と言い張っても無駄な骨折り、あまりしつこく言い張っていると、造語症患者として病院送りになってしまいましょう。ホンニャをホンニャとして通用させるには、構成メンバー全員の合意を取りつけ、これを約束事にしなければなりません。コトバを習得することのむずかしさは、じつにこのあたりにあるのではないでしょうか。つまりコトバは誰にとってもはじめは中古の洋服のようなもの、こっちから寸法を合わせて行き、上手に縫い直してぴったりと身体に適うようにしなければなりません。これは骨の折れる大仕事です。

さて、紋切り型はこの約束事の最たるものの一つです。夏がやってきて気温が上昇すると「水銀柱はうなぎのぼり」、大火や水害のあった土地には早くも翌日から「再建の槌音が聞こえはじめ」、留置場に叩き込まれた凶悪犯は例外なく翌朝の食事を「反省の色もなくペロリと平らげ」、配下から悪徳警官をだすと、その上司は「詳しいことはまだ聞いていない。事実とすれば大変だ。さっそく調べて善処する」と答える。これみな、おなじみの紋切り型です。新聞の社説はいつも「……まことに憂うべきことといわねばなるまい」「……責任はきびしく追及されなければならない」「……ことに事態の深刻さを感じとらないわけにはいかない」と荘重な紋切り型で終わるのが常。ニュースを読むアナウンサーは「……今後の成り行きが注目されます」と、いつも成り行きに注目しています。この効用はなんでしょうか。約束事を充分に活用して時間を節約することにあります。もうひとつ、強力な約束事による社会常識の強化を計ることも勘定に入っているかもしれません。新聞記事で、「暑くなりました」という事実を、たとえば「ほうろくのように焼けた暑い」（林芙美子『放浪記』）と表現しても字数はふえるし、ほうろくを知らない読者がいるかもしれないし、あまり適当ではない。そこで約束事の中の約束事である「うなぎのぼり」が登場します。書き手にとっても読み手にとっても、この方が手ッ取り早い。凶悪犯がじつは普通人ではしめしがつきませんから、「反省の色もなくペロリと平らげ」た、と書かねばなりません。読者も「きっとそうなのだろうな」と納得する。

ところが、こういう強固な約束事で縛られて固定しかかっている人びとのものの見方を変えようと努力する者たちがいます。その代表がいわゆる文学者たちで、コトバは社会の約束事であるという大原則をあくまで尊びながら、新しい約束事＝紋切り型をつくり出そうと苦心しているのです。そのためには、古くて、強くて、固定しつつある紋切り型ができるだけ多くあった

紋切り型がつまらないとすれば、それはインタビューのときだろう。ヒーロー・インタビューでアナウンサーが聞く。「よく打ちましたね」。これにはイエスとしか答えようがない。「このよろこびをだれに一番伝えたいですか」。家族にきまっているじゃないか。このように紋切り型の答えしか引き出せない紋切り型のインタビューだけは困る。そして、日本のたいていのアナウンサーは紋切り型のインタビューしかできない。ひとつがんばって、おもしろい答えを

方がいい。その方が仕事はしがいがある。私はそのように考えています。

引き出すような質問を考えてほしいものだ。

「より」と「から」正しいのはどちら?

〔問〕

「本日午後二時より会議」という社内放送があったり、「十二月二十九日より新春三日まで休業」の張り紙があったりしますが、この「より」という格助詞は、比較する場合に使うものではないでしょうか。「九州より東京のほうが人口が多い」とか、「京都より大阪がおもしろい」とかいうように。そこで最初に掲げた社内放送は「本日午後二時から……」と、また張り紙が「二十九日から新春三日まで……」と、訂正されるべきと思われるのですが。

(宮崎県・松尾誠)

＊

空間や時間について一方向に測る起点を示す格助詞「より」

と「から」の使い方、このことに疑問をお持ちの読者が少なくないようです。その証拠に東京都板橋区の田崎十三子さんからも同じ質問が寄せられております。田崎さんは、「朝日新聞社発行の用語辞典には『比較の場合以外はからを使用する』と解説していますー」と書き添えてくださいました。さてわたしはといえば、これまで、「より」と「から」の使い分けについて、次のようなボンヤリとした物差しを設けていました。すなわち、〈からもよりも、空間や時間の起点を示す格助詞として使われる場合は同じ意味である。どちらを使ってもまちがいではない。ただし、よりはからと較べるとやや文語臭があるので、古典的な改まった印象を読み手に与えるはずだから、そこに留意しなければならない。とくに意識しないときは、口語的なからを用いても差し支えない〉

こういうボンヤリとした物差しでものを書いてきたわたしは、お二人の質問を拝読してその厳密さに思わず襟を正しました。

ところでここに昭和十六（一九四二）年十二月三十一日の朝

日新聞夕刊があります。丹念に読んでみると、ここではよりとからとが完全に併用されていることがわかります。ただしそれでもやはりボンヤリした基準のようなものがあるようで、たとえばこの日の一面のトップ記事の見出しはこうです。

「皇軍ルソン島を席巻／マニラ東南方へ迫る／米軍北部より全面後退」

ところが記事の中では、

「【サイゴン卅（さんじゅう）日発同盟】アリップ通信マニラ電＝○○から、進撃の日本軍はマニラ東南○○キロに達した模様である、マニラ軍当局はマニラ東南○○キロの地点で近く大決戦が行はれると見てゐる」

というようにからが使われている。つまり見出しは文語的なより、記事の中身ではから、という使い分け意識がうかがわれるのですね。話がいきなり飛躍するようですが、このよりとからについて、かねてから卓見を発表されておいでなのが大野晋（すすむ）さんです。大野さんの傑作『岩波古語辞典』（読む辞典としても抜群のおもしろさ）によれば、よりの起源は「ゆり」（後）、それが母音交替によってよりになった。一方、からの語源は国柄、山柄、川柄、神柄などの「から」。家柄、腹柄なども同じですが、あるつながりを共有する社会的な一つの集まりを「から」というのだそうです。ここから、自然の成り行きという意味がうまれ、そこから原因や理由を表し、動作の出発点を表すようになった。こうして、よりとからは次第に意味が重なりはじめ、やがて両者の間に生き残り競争が行われたが（中古）、もともと優勢だったよりが勝利をおさめ、以後、からは俗語・口語の世界でのみ生きのびることになった。それが明治以降の口語の復権になり、形勢は逆転、いまはからの天下になっている。大野さんの説に基づいて、わたしの調べたことをまとめれば右のようになると思われます。つまり長い間の「よりの制覇」が、このよりに、ある強い格式、古典的な雰囲気、改まった感じをつけ加えているわけで、見出しに多用されたのもそのせいでしょう。そしていまだに「五月十六日より」（朝日新聞昭和六十二

藤村の「名も知らぬ
遠き島より　流れ寄る
椰子の実一つ」も、

年四月十六日付夕刊。映画「白い道」の広告）と、映画封切り広告やデパートの広告などに使われているのは、どうぞ御来館（店）くださいますように、という丁寧で改まった印象を、このよりが与えるからでしょう。というわけで、わたしのボンヤリした物差し、まんざら当たっていないこともないように思うのですが、いかがでしょうか。

「遠き島から」だったら、途端に格調が失われてしまいます。「より は格調」「からは口語」とおぼえておくのがいいかもしれません。

「一番最初」「いま現在」は間違いか

〔問〕

日常会話やテレビなどでよく使われる言葉に、一番最初（最後）、いま現在、あとで後悔する、たしかな事実、長い間ご無沙汰、口で喋る、耳で聞く、外に出掛ける、中に入る、後ろに下がる、二度と再び、上手に利用する、三日の日に……といったものがありますが、これらの言葉は重複表現でまちがっていると解釈すべきでしょうか。それとも、慣習として許容すべきでしょうか。

（奈良県・保富啓）

＊

質問を読むうちに幼い頃、流行った戯れ唄を思い出しました。それは、皆さんも知っておいででしょうが、以下のようなものです。

「むかし武士のサムライが、馬から落ちて落馬して、面目ないと詫びるため、腹を切って切腹した」

こんなものもありました。

「月も星も出ていない暗い夜、年をとった婆さんが今年三つのおさな子連れて、一本道をひたすらまっすぐ行きました」

似かよった意味の言葉を重ねて意味を過剰に溢れさせることの無駄さ加減やバカらしさが小学校の低学年児童にも理解できたらしく、わたしたちはこの手の重複表現をいくつも暗記し、それを披露し合って笑い興じていたのでした。つまり世の中のどこかに〈正確な書き方や話し方の規範〉が厳然として存在しており、この規範に合わない書き方や話し方は笑われても仕方がないのだという考え方を、子どもなりに信じていたのです。

ところが大人になって、世の中にもうひとつ別の規範が適用されていることに気づきました。それは〈効果的な書き方や話し方の規範〉で、この規範を教えるのが、たとえば修辞学であ

重複表現ではないが、筆者たちの幼いころ、次のような矛盾表現も流行した。

ひとり息子の三人兄弟、川へ流れて焼け死んだ。

若い年寄の女のじいさん、火事で焼かれて溺れて死んだ。

あら、そのときのいでたちは六尺棒をたすきにかけ三尺手拭杖につき豆腐の足駄に青竹すげて盥かぶって出でにけり。

るということなども知りました。子どものころ、笑いの対象でしかなかったあの重複表現も、修辞学では「冗語法」というい かめしい名前をもった立派な技法の一つだということも知りました。

外国でも、この重複表現は元気に活躍しているようです。例えば英語にも「耳で聞く（hear with one's ears）」だの「目で見る（see with one's eyes）」だのといった云い方があって、シェイクスピアはこの重複表現の愛用者です。そういえば『ロミオとジュリエット』のなかに、I saw the world, I saw it with mine eyes. という台詞がありました。また彼がどこかで「偽りの嘘（a false lie）」という云い方をしていたのも記憶にあります。

さてこの冗語法は、なにかを強調しよう、より強く印象づけようとするときに用いられます。筆者が冒頭に掲げた戯れ唄は、人を笑わせるためにつくられたものですから強調が過ぎて例としては使えませんが、質問の中に見える重複表現は、いずれも、強調するため、たしかな印象を相手に与えるためになかなか効果がありそうです。

とくに日常会話やテレビの中での会話は、申しあげるまでもなく話し言葉ですから、つぎつぎに消えて行ってしまいます。そこで似かよった意味の言葉、つまり類語を反復することで相手にそのことを強調しよう、そのことを印象づけようとするのではないか。べつに云いますと、似かよった意味の言葉を並べてその意味の滞空時間を長引かせようとするのではないか。もうひとつ、語呂のよさ、云いやすさをつくりだすために、意味の似かよった言葉をならべるときもあるのではないでしょうか。「後悔するなよ」と云うより、「あとで後悔するなよ」と云うほうが調子が整って云いやすいと思うからです。——という次第で、筆者は重複表現をまちがいだとは考えておりません。いやむしろ、会話の中へもっとさかんに取り入れて、意味をしっかり相手に伝えるべきだと思っています。

シッチャカメッチャカの由来

〔問〕

『週刊朝日』第52回募集パロディ'87「珍編世界史」の募集要項の欄で、ひさしぶりに「シッチャカメッチャカ」なる語に出合いました。日常生活ではあまり使われないせいか、意味が曖昧(あいまい)なまま記憶の引き出しにしまい込まれていたのですが、この際、明確な意味をしっかり把握しておきたいとおもいます。この言葉の由来をご教示ください。また市民権を得たのはいつごろだったでしょうか。

(滋賀県守山市・大野節子)

＊

昭和三十年代後半のテレビ局の第一線プロデューサーやディレクターたちには映画や舞台やバンドマン出身が多かった。テレビの歴史なお浅く、テレビはまだ一線級のプロデューサーやディレクターを育て上げるまでには至っていなかったのです。そのころ筆者は主としてバラエティー番組の構成台本を書いて生計を立てておりまして、バラエティー番組ですから当然、バンドマン出身のプロデューサーやディレクターと毎日のようにつきあっていました。バンドマンはじめ音楽畑の出の人たちは仕事柄もあってか耳がよく、そのせいでコトバにたいする感覚が鋭く、またコトバを遊び道具にして楽しむことも知っておいでの人たちばかりで、ずいぶん勉強にもなりました。

まず楽隊コトバの大氾濫(だいはんらん)、彼等の会話は、ちょっと聞くと外国語のようでした。楽隊コトバというのはご存知のように、さかさまコトバのことで、「オンナ」は「ナオン」、「メシ」は「シーメ」、「バンド」は「ドンバ」となんでもひっくりかえってしまいます。一音のコトバはひっくりかえりようがなさそうですが、彼等は貪欲(どんよく)にもこれさえ転倒させてしまいます。たとえば「屁(へ)」。まずこれを長音化して「ヘーエ」とし、その上で

筆者なども得意になってこの手の言葉を使っていたのだから、とても「今の若い者の言葉使いはなんだ」などとはいえない。

ひっくりかえして「エーヘ」。「歯」は「アーハ」、「血」は「イーチ」ということになります。そのころ朝鮮焼き肉料理が流行しだしましたが、これを彼等は「プテキャン料理」と称していました。「チョーセン」がどうして「プテキャン」になるのか。まず「チョーセン」を倒置させて「センチョー」、この音に「船長」という意味を与え、英語に転換して「キャプテン」、さらにもう一度倒置して「プテキャン」。

挨拶用語も独得で、書き上げた原稿を届けに行くと、「こりゃまた井上さん、こんにちは」「だれかと思えば井上さん」と景気よく迎えてくれます。ディレクターが原稿を読み終わるのを緊張して待っていると、ちらっとこっちを見て、「まあまあ、お平らに」と気が楽になるよう心くばりをしてくれます。

さて、問題の「シッチャカメッチャカ」ですが、音楽畑のプロデューサーやディレクターが三十年代後半にすでに日常語として使っていました。よほど印象が強かったとみえて日録に記してありますからそれはたしかです。意味は「めちゃくちゃ」。

同じ頃に衝撃をうけたものに「ハチャハチャ」というのもありました。これは「生きのよい」という意味。ハチャハチャのオッパイというふうに使います。調べてみると、「ハチャハチャ」は江戸後期の戯作本の流行語でした。「ハチャメチャ」というコトバもその頃、耳にしました。この意味も「めちゃくちゃ」といったところだと思います。「シッチャカメッチャカ」を流行させたのは、筆者の記憶によれば、たしか大橋巨泉さんです。昭和四十年代前半、巨泉さんはご自分の番組でしきりにこのコトバを使っておられました。そしてこれはやがて流行語になりました。この間、徳田秋声の代表作『縮図』（昭和十六年に書きはじめられました）を読んでいると、こんな文章にでっくわしました。

《あんなのがと思ふやうなしつちやか面子が、灰汁がぬけると見違へるやうな意気な芸者になつたりする》

しっちゃか面子とは、器量のよくない女性を指していう俗語、それも愛嬌商売（芸者、役者、楽士、料亭など）で用いられていた一種の隠語のようです。となると「シッチャカメッチャカ」の出自もどうやら見当がつきますね。

万国共通の「アー」と「ウー」

〔問〕

故大平首相には、話の途中に「アー」だの「ウー」だのといった無意味な音を挟む癖があって、そのせいで「アーウー首相」というあだ名を奉られたりしましたが、亡き宰相ほどひどくなければ、文の句読点にもなるし、間ももてるし、かえって聞きやすいような気がします。話の中に無意味な音を挟む癖は日本人独特のものなのでしょうか。

（京都府・松谷義雄）

＊

ここでもう一度、話し言葉について復習してみましょう。話し言葉には表情、身ぶり、声の抑揚などの補助手段が使えます。それから「エー」「まー」「……ね」「……よ」「……ぞ」などの感動詞や間投詞や終助詞によって感動表現がたやすくできます。また文の構造は単純で短文が多く、「この」「あの」「それ」などの指示語をふんだんに使っても、だれからも叱られません。もっと思い切ったことをいいますと、話し言葉では文法を無視しても構いません。話し言葉では、聞き手が理解さえすれば、それはそれで充分に文法的なのです。また不整表現も大手を振って通用します。不整表現とは、語順の混乱、首尾の不統一、言いさし、言いなおし、同語の反復などのことで、ここまでのところでは、話し言葉は書き言葉にくらべてまことに簡単至極なもの、御しやすいもののように思われます。

ところが実際はそうではない、話し言葉は書き言葉の二倍も三倍もむずかしい。書き言葉では、書こうと思い立ったときと、書き終えて読み手に渡すときとの間に、時間の余裕がありますから、自己反省が可能です。文を書き綴りながら、そして綴り終えたあとで、よく読み返して内容を吟味し、足らないところを補ったり、不都合な個所を書き改めたりできます。ところが話し言葉では、話そうと思い立つときと話すときとがほとんど同時で、表現過程にまったくといってよいほど時間の余裕がありません。そこでついとんでもないことを口走って失敗してしまいます。まったくもって話し言葉のおそろしいところは、「あともどりがきかない」ことです。いったん口にしたことを取り戻すことはだれにもできません。

書き言葉では、たとえば「君はボケナス」と書いてから、これではまずいと思いなおして、ボケナスを真っ黒に塗り潰(つぶ)してしまうことができます。自分が相手をボケナスと思ったことは金輪際だれにもわかりゃしません。ところがおそろしいことに話し言葉では、「君はボケナス……」といったが最後、「いや、おっとりしている」「というよりこせこせしないお人柄で」と訂正しても、もう訂正がききません。あ、ごまかそうとしているな、とかえって悪感情をもたれてしまいます。このあたりの事情をフランスの哲学者のロラン・バルトは、「音声言語(話し言葉)の場合、訂正するということは付け加えることである。

話すことによって言い損なったことを、消し去ることも、削除することも、また抹消することもできない。これが音声言語の宿命である」（『言語のざわめき』）といっております。そこでひとは話すとき、とくに改まって話すときなどはいやが上にも慎重になり、時間を稼ごうとしてアーだの、ウーだの、そうですねだの、やっぱりだのと、無意味なようだけれど口にするわけです。となるとアー・ウーは無意味のようだけれど大いに意味のあることなのかもしれません。

そして右の事情は万国共通ですから、外国人も故大平首相と似たことはよくやります。筆者はオーストラリアに居住中、ある人から「会話のときの時間稼ぎに、アイア（Iaaa……）を入れるといいよ」と教わりました。まず主語としてIをたて、それをのばしながら次にくる動詞を探しなさい、というわけです。この間、フジ系列の「プロ野球ニュース」で外国人選手のインタビュー特集をやっていましたが、「ユーノウ（You know?）」を多用して時間稼ぎする選手が大勢おりました。

テレビ全盛のいま、「アー」「ウー」は音声的にはパッとしませんが、しかしそのときの姿はブラウン管にうつっており、絵としては、かならず何かを表現しています。ひょっとしたら、「アー」「ウー」は誠実さを表現するかもしれません。こういう時代になると「訥弁（とつべん）の能弁」ということも勘定に入れたほうがよいでしょう。

『サラダ記念日』について

〔問〕
高校の年若い教師、俵万智(たわらまち)さんの短歌が評判になっています。五七五七七、三十一音の定型詩で、そこはこれまでの短歌と同じですが、口語体の、コマーシャルのコピー調で、従来の短歌に慣れ親しんできた私には奇異に感じられます。また、彼女に対する世の中の極度の熱狂と集中ぶりが異常のようにも思われます。がしかし一方では、古い殻に閉じこもりがちな短歌の世界に新風を吹き込んだとして若い世代に人気があるとも聞きました。このような新興短歌に対してどのようにお考えでしょうか。

(京都府・松谷義雄)

＊

この質問に答える最適者は他に大勢おいでです。とくに本欄の回答者のおひとりである大岡信さんならば最良最上のお答えをご用意くださると最初から分かっているのですが、質問になぜか気を惹かれ、ついつい回答役を名乗り出てしまいました。そこのところを質問者と大岡さんに前もってお詫び申し上げます。

なぜ質問に惹かれたのかといえば、心のどこかで、平明かつ興味のある日本語で詠まれた短歌、わたしたちの胸の底にくすぶっている、日常生活での感情をはっきりと摘出してくれる短歌、新しい観察や人生への洞察を含んだ短歌、こういったものを待ち望んでいたからだと思います。例をあげれば際限がありませんが、たとえば子規の「人皆の箱根伊香保と遊ぶ日を庵にこもりて蝿殺すわれは」、啄木の「はたらけど　はたらけど猶わが生活楽にならざり　ぢつと手を見る」、木下利玄の「遠足の小学生有頂天に大手ふり〳〵往来とほる」、茂吉の「最上川逆白波のたつまでにふぶくゆふべとなりにけるかも」、赤木健介の「生きてゐる、すべての人と触れ合つて、心暖ため、生きたいものを」など、みんな前述の註文に応えてくれた傑作です。

そこで、『サラダ記念日』ですが、これまで噴出を拒まれていた生活感情、とくに若い人たちの生活感情に通路を与えたということは言えそうです。「なーんだ、こういうやり方ででも自分の感情を表現できるのか」と目から鱗が落ちる思い。支持者たちはこれを体験したのではないでしょうか。さらに俵さんの日常生活での物の見方や感じ方に、「あ、おれと同じだ」と共感する人びとが大勢いたことはたしかです。つまり彼女は多くの人びとの胸の中でもやもやとしていた生活感情をはっきりと形にして示したわけで、そこに彼女の手柄がありました。このように流行するものにはかならず意味があります。

ただし現在の生活様式がもうひとつ気に喰わない人びとには、その生活様式から生まれた物の見方や感じ方が気に入らないのは当然で、このあたりで賛否がわかれるのではないでしょうか。

言と文との不一致はどんな時代にもあることですが、現在ほどその不一致がはなはだしいのはあまり例がないと思われます。おもしろいことに文学の革新はこういう時代に実現されることが多く、ほとんどが文への言（＝口語、俗語）の侵入によってなされます。これも例をあげれば際限がありませんが、たとえば『デカメロン』や『カンタベリー物語』がその好例です。話をすこし大きくしすぎてしまいましたが、『サラダ記念日』でも口語・俗語による大量侵犯がみられ、そのことによって逆にわたしたち日本人が愛してやまない短歌の形式がいまも依然として有効であることを証明してくれました。これまた大手柄であることはたしかです。そこでわたしとしては、作者が次第に年を加えて、恋に悩み、ひとと別れ、月賦地獄で苦しみ、子の生長に一喜一憂して、それらの人生の試練を潜り抜け必死でしのぐことを通して歌境の一段と深まることを祈りたいと思うのですが、しかし「流行ったら危ない」というのも厳たる事実、どんな流行にも陳腐化の原理がはたらきます。そこをどう切り

太宰治や椎名誠の仕事も「文への言の侵入」でしょう。

抜けられるか、歌よみとしての正念場はじつはこれからなのではないでしょうか。

言葉遊びをする人間は異常なのか

〔問〕

なぞなぞ、早口言葉などは、だれもが親しんできた言葉遊びです。また、和歌の世界でも昔から物名(もののな)、折句(おりく)といった言葉遊びがあったと聞きます。楽しい言葉遊びを、ほかにもいろいろ教えてください。　（千葉県・中野行恵）

洒落(しゃれ)の好きな私ですが、あるとき、草柳大蔵氏のエッセーに「駄洒落や語呂(ごろ)合わせばかり連発している人は、脳の前頭葉に腫瘍(しゅよう)のできている人が多いという」とあるのを読み、心配になりました。洒落を好む人間は正常ではないのでしょうか。　（宮崎県・作前哲郎）

＊

日本語の言葉遊びを一つ残らず紹介するとなると電話帳よりも分厚くなりそうですし、だいたい私にはまだそれだけの学もありません。そこで今日は、あまり知られていない言葉遊びを、それもウンと下品なやつをお教えするだけにとどめておきましょう。念のために申し添えておきますが、これから紹介する言葉遊びでは友人知人にやらせたりしてはいけません。かならず絶交状を叩(たた)きつけられる破目になりますから。

「扇に玉子」。これを早口で何回も繰り返し唱えてください。するとそのうちに、この「扇に玉子」はおそろしいものに化けてしまいます。

「岩波文庫、新潮文庫、講談社文庫、文春文庫」。これを、両手の小指を口の両端に入れて、思い切り左右に引っぱりながら唱えてみてください。小指が邪魔をして上下の唇が触れ合うことができず、そこでbの音がuの音になり、文化の香りは消え失(う)せて、妙な匂(にお)いがしはじめます。この手の「舌もじり」をたくさん知っておりますが、『週刊朝日』の品位というものを考

言葉遊びを究めたい方は、鈴木棠三(とうぞう)編『新版ことば遊び辞典』(昭56・東京堂出版)や綿谷雪(わたたにきよし)『言語遊戯の系譜』(昭39・青蛙房)を、まずお読みください。

えると、これが限度でしょう。日本語の言葉遊びのなかで、私が一等好きなのは、「ネズミ六匹で夢中だ」「アリが十匹サルが五匹でありがとうござる」「冬の蛙で考える」といった式の洒落言葉です。こういった式の洒落は、もちろん外国にもたくさんあります。たとえば、冷蔵庫の中でレタスとトマトが恋に落ち、駆け落ちの相談がまとまった。ところがレタスがぐずぐずしているのでトマトが「レタスゴー」(Let us go)と怒鳴ったとかいう洒落を聞いたことがあります。けれども、この手の洒落の本場の一つがわが日本国であることはたしかで、それにはちゃんとした理由がある。

なによりも日本語には音節数(言葉の素になる母音と子音+母音の数)が圧倒的に少ない。百十音あるかなしかといったところです。つまりたったの百十音前後で人事から森羅万象にいたるまですべてを表現しなければならないのですから、音が足りなくなる。そこで同音異義語がむやみに多くなります。たとえば『新潮国語辞典』で「ショウカ」を引いてみると、消化、消火、唱歌、商家、商科、娼家、昇華……とじつに二十二も同音異義語があるのです。簡単に「娼家から唱歌が聞こえるよ」「あっ、しょうか、しょうか」と駄洒落がつくれます。ちなみに北京官語の音数は四百、英語のそれは四千といわれていますが、ま、このような訳次第で、日本語の音韻構造そのものが洒落や地口に向いているのです。作前さんや私の前頭葉に腫瘍があろうとなかろうと、日本語を使っているかぎり洒落や地口と縁を切ることはできません。

最近の研究によれば、前頭葉症状（前頭葉の破壊後に見られる障害）の中に、「多幸的で楽天的、空虚な爽快気分が目立ち、多弁で下らない駄洒落をとばし……」（二木宏明東大助教授）ということがあるようですが、これはあくまでも前頭葉破壊の事実があってのこと、そういう事実がなければ何の心配もいらないのではないでしょうか。それに前頭葉については「現在あるのは断片的な知識、いまなおその機能が十分によく解明されていない『最も神秘的な部分』で『未知なる宇宙』……」（同助

「英語の音節数は三万以上である」という説（楳垣実氏）もあります。

教授）だそうです。そんなにおびえないで、駄洒落をおたのしみください。ただしつまらない駄洒落の連発はいけません。これは前頭葉の問題というより、マナーの問題です。

虫でもないのに虫偏をつけるのは？

〔問〕

子どもにこんなことを聞かれました。「蜂（はち）、蟻（あり）、蟬（せみ）、蜻蛉（とんぼ）などが虫偏なのは納得できる。でも、蛙（かえる）、蛇、蝙蝠（こうもり）、田螺（たにし）、牡蠣（かき）なんかに虫偏をつけるのはどうして」と。「自分で調べてみなさい」というと、「調べようがないよ」という答えが返ってきました。なるほど、たしかに調べようがありません。困っています。お助けください。

（神奈川県・山下孝雄）

＊

式亭三馬（しきていさんば）という戯作者（げさくしゃ）がいます。江戸後期のお風呂屋さんでの客のことばつきを徹底して写生して『浮世風呂（うきよぶろ）』という滑稽本（こっけいぼん）を書いた作者です。この作品はいまでは江戸の人びとのことばを調べる上でとても重宝されていますが、ところでこの人はことば遊びが大好きでした。たとえば彼は次のような漢字を発明してよろこんでいました。人偏に春をつけて「偆」、これは「うわき」とよみます。以下、⿰亻夏(げんき)、偢(ふさぎ)、佟(いんき)といった塩梅(あんばい)です。そして人偏に暮をつけて「⿰亻暮」、これは「まごつき」とよむのだそうです。

なぜ式亭三馬のことば遊びを紹介したかといいますと、漢字のつくられ方がよく見えると考えたからです。こんなことはとっくにご存知でしょうが、まず「象形」というつくり方があります。◉＝日、巛＝川、凵＝山など、ものの形を象(かたど)った絵文字の類(たぐい)。次に「指事」といって・一＝上、一・＝下など抽象的な考えをあらわすもの。また数量などを、一、二、三と直接に指示する文字もこの仲間です。この「象形」と「指事」の二つを原料にして、たくさんの漢字がつくられて行きます。その製造法に「会意(かいい)」と「形声」があります。三馬のは、たぶん会意でしょうか。「ヒト」という意味と、「春は気が浮く」という意味をぶ

日本語を学習する外国人は漢字の偏旁冠脚(へんぼうかんきゃく)に異常なほど興味を示します。そして漢字はじつに合理的だと感嘆久しゅうします。少なくともオーストラリア国立大学の日本語科の学生たちはそうでした。

っつけて「うわき」というまったく別の意味をつくり出していますから、会意といっていいとおもいます。しかしいま私たちが重視しなければならないのは「形声」です。

漢字の八割以上が、この形声でつくられていますから、重視せざるをえません。これは字の一部分が形（ものの種類）をあらわし、ほかの部分が声（音）をあらわす結合方法をとるのが原則です。もっと正確には、「ほかの部分が声（音）をあらわす」という個所を、「ほかの部分が声（音）と基本的意義をあらわす」と訂正したほうがいいのですが、いま問題なのは虫偏、虫というものの種類をあらわすしるしです。

さてそこでその虫ですが、昔の人たちは小さな生き物で、湿（しめ）っぽく熱い気がムシ（蒸）て生まれてくるような種類のものをすべて虫に分類していたのではないでしょうか。ところが世の中が進んで分類学などが発達してきますと、「虫とは主として昆虫をさす」というような定義がうまれます。つまり昔とくらべると虫の範囲がずっとせまくなってしまったのです。

分類法がより新しく、より正確になるのに合わせて文字をかえればいいようなものですが、なかなかそうはまいりません。ことばの変化は世の中の変化よりはるかにおくれるものだからです。ボールペンは筆ではありません。しかしいまだに筆記用具とよばれています。もう米（コメ）でつくらないのに糊（のり）、使っているのは紙幣なのにお金（かね）、象牙（ぞうげ）でも竹冠（かんむり）をかぶせて箸（はし）、布製でも鞄（かばん）、クジラは哺乳類（ほにゅうるい）なのに魚偏をつけて鯨という具合です。

方言を正確に文字化できるのか

〔問〕

私は島根県出雲市の出身です。故郷では出雲方言を話しますが、使いこなすのが難しいうえに、世の中が移り変わって、ほんとうの出雲方言を話す人が少なくなってきています。このままでは出雲方言は滅んでしまうでしょう。そこで、これを記録しておきたいと思い立ったのですが、まるで英語を片仮名で表記するような難しさ。しかし、なんとしても書き留めたい。これは可能でしょうか。これまでに、こういった試みはなされているでしょうか。

（大阪府・田部利恵子）

＊

方言は話しコトバですね。その話しコトバを、なんとかして

方言の定義として『国語学研究事典』（昭52・明治書院）にはこうあります。

《同一の国語の中における地方的な言語の変

書きコトバに移しかえて記録し、保存なさろうとお考えなのですね。筆者もあなたと似たような志を立てて自分の作品のなかに方言を取りこもうとしてきました。筆者が取り組んでいる相手はいわゆる「ズーズー弁」、東北方言です。そういえば出雲方言は、別名を「出雲のズーズー弁」といわれているように、東北方言と共通したところがあるようです。たとえば東北でも出雲でも、「地図」も「知事」も「ツズ」と発音しますが、これは〈シ・ジ・チとス・ズ・ツの混同〉といわれているやつです。それからギーニー（牛乳）式の発音なども共通していますす。いってみれば私どもは似た者同士、そこで話は通じやすくなると思いますが、落胆しないでください。話しコトバを書きコトバに正確に移しかえることは原理上、不可能なのです。

なぜ不可能なのか。その理由はこうです。話しコトバは連続的な音波による表現です。人の口からずらずらと繰り出される、長かったり短かったり、高くなったと思えば低くなったりする

種。階級的な変種（social dialect）ではなく、地方的なもの（local dialect）の方を問題にする。》拙著『国語元年』参照。

コトバの列は連続しています。一方、書きコトバのほうは、その連続的な音波のつながりを、ある法則性にしたがいながらプツンプツンと切って、分けてゆきます。その切って分けられたものの一個一個が音素というわけです。切って分けないと（音素という基本要素に分断しないと）、書けないのです。

たとえば、いま、だれかが、なにか質問されて、「あー、それは、そのー」と言い淀（よど）んだとします。このときの「あー」は、とても長く、五秒ほども続き、しかも途中で、ほとんど聞き取れないぐらいに擦（かす）れていました。さらに、「あー」の音には、「エー」という音色も感じられました。そこでこれらのことを無理して書きあらわせば（じつはこれでも正確ではないのですが）、

「アエ――……――」

なんてことになりますが、これではかえって不明瞭（ふめいりょう）、書きコトバがもっている抽象性、経済性、そして客観性が損なわれてしまいます。

地図をたとえに出したらもっとわかりやすいかもしれません

ね。一分ノ一の地図、これは正確かもしれないけれど、かえって厄介でしょう。出雲地方の道路を調べるのに、出雲地方と同じ大きさの机が入用になりますから。

話しコトバと書きコトバのこの関係は（現地と地図の関係は）、出雲方言ばかりではなく、あらゆる方言、いいえ、すべての言語に共通しています。話しコトバを正確に文字化するのはまず不可能だと腹をくくることが大切です。その上で次善の策を探すと、これが意外に先行きが明るくて、連続的な音波をそのままテープで保存する方法もありますし、問題を語彙にしぼって方言辞典を編む手もあります。方言文法をまとめて、その側面から記録しておくやり方もあるでしょう。この種の試みで画期的だったものに日本放送協会が編んだ『全国方言資料・第五巻中国・四国篇』があります。これには出雲方言のソノシート資料がついています。方言辞典としては『島根県方言辞典』（広戸惇・矢富熊一郎編。昭和三十八年、島根県方言学会刊）がピカ一。

筆者の場合でいえば、方言による戯曲はとてもうまく行っています。もちろん書きコトバを俳優が連続的な音波に戻してくれるからではありますが。

日本語の音はいくつあるのか

〔問〕

前から気にかかっていたのですが、日本語の音はいったい何個あるのでしょうか。一所懸命調べてみるのですが、百二十とか百二十五とか、調べるたびに数が変わります。正確な数字を教えてください。

（東京都・伊藤裕）

＊

驚いたことに正確なところはだれにもわからないのです。日本語の基本も基本、大基本なのにそれがはっきりしないというのですから、こんな不思議はありませんね。このあいだの『東京新聞』の社説に次のようなことが書いてありました。その社説の趣旨は、外国人が日本語を学ぶ時代がやってきたが、そう

金田一春彦説では百十二（岩波新書『日本語』上巻）、百十一といっているのは『日本語百科大事典』（大修館書店）。

いう時代になればなるほど私たちはいっそう正しい言葉、やさしい日本語を使わねばならない、といったところですが、その中で日本語の音韻の特色をこう説明していたのです、「日本語の音節（ア、イ、ウ……など）の数は少なく百ちょっとしかないので、発音しやすく……」と。社説を執筆するような偉い記者でも「百ちょっとしかないので」と正確な数をぼやかして書かなくてはならないぐらい、日本語の音節数はボンヤリしているわけですね。

しかしこの欄はもっと深く日本語を考えるところ、さらに一歩も二歩も突っ込んで行ってみましょう。筆者が数えたところでは、

清音（ア、イ、ウ……ラ、リ、ル、レ、ロ、ワまで）が四十四個。
濁音（ガ行、ザ行、ダ行、バ行）が十八個。
半濁音（パ行）が五個。
拗音（きゃ、きゅ、きょ……）が三十五個。
促音（つまる音「っ」）が一個。

音節とは、音声的に切れ目のない単音のことです。日本語の場合は、「ほぼ仮名一字に相当する」と考えればよいと思います。音素というものはありますが、これは音節よりもっと小さい。たとえば「カ（ka）」は音節。「k」と「a」が音素です。ま、これは大雑把にいっての話ですが。

撥音（はつおん）（「ん」で書かれるような、はねる音）が一個。

——合計百と四個。これが日本語を成り立たせている音節の数です、オメデトウゴザイマシタ、とよろこんでいいかどうかとなるとはなはだ疑問で、一例をあげるとガ行の鼻濁音の問題があります。たとえばガという音節が語の頭では「硬いガ」になり、語中や語尾では「鼻へ抜くやわらかなガ」になるというのはごぞんじですね。「音楽学校」には、この二種類のガが入っているので結構、発音がむずかしく、むかしはよくアナウンサー試験に読み方の問題として出題されたものでしたが、それはとにかく、もしこのガ行鼻濁音とガ行濁音とを別の音韻だとすると、たちまち日本語の音節数がふえてしまいます。筆者にはどうも「ガ」と「ンガ」はちがう音のような気がするのですが、専門の国語学者の間でも意見が分かれていて、定説がないのです。しかもこのガ行鼻濁音は次第にすたれて行きつつあってそのうちになくなるだろうといわれていますから、問題はいっそう複雑です。

　このようになくなる音があるかと思うと、他方では新しく加わる音もあります。たとえば紅茶のことを昔は「チー」だの「テー」だのと発音していましたが、現在では大部分の日本人が「ティ」と発音します。そう、日本語は「ティ」という新しい音節をその財産目録に加えたのです。ＮＨＫが「ニュース・トゥデー」という報道番組をはじめましたが、この「トゥ」という音節もあたらしい音ですね。「ディ」という音節もすでに日本人のものになっているのですから、いっそ「トゥディ」にすればいいのに。このへんがＮＨＫの芋ッポイところでしょうか。というと「外来の音をそう簡単に日本語の音節としてみとめていいのか」というお叱(しか)りをうけそうですが、思えば拗音も促音も撥音もみんな初めは外来の音でした。こんなわけで、筆者は日本語の音節数を「百四個プラスα」というふうに考えています。さて、そのαの中味ですが、筆者は、クヮ、グヮ、スィ、ズィ、ティ、トゥ、ディ、ドゥ、ツァ、ツェ、ファ、フィ、フェ、フォ、ヴァ、ヴィ、ヴェ、ヴォの十八の音節を日本語の音とみとめることにしています。すたれた音を捨てながら新しい音を加えているのは、日本語が生きているということの証なのかもしれません。

どうして「上手(かみて)」「下手(しもて)」というのか

〔問〕

「上手」「下手」という演劇用語があります。客席から舞台に向かって右を上手、同じく左を下手というようですが、なぜ、こんな言い方をするようになったのでしょうか。

（大阪府・上村健彦）

＊

日本座敷の宴会で幹事役が頭を痛めるのは席順の問題です。同じくらい偉い人が二人も三人もいるときなどは、そのうちのだれを上座(かみざ)に据えるかで胃が痛むような思いをします。宴会のときばかりではありません。四、五人で店に入るというようなことは初中終(しょっちゅう)ありますが、そのときもみんな上座、下座を意識して、どうぞどうぞと席の譲り合いがはじまります。ここまで見当をつければ、「ひとつの場所には、どうやらいいところ（上座）と悪いところ（下座）があるらしい」ということがわかってきます。舞台の上でも同じこと、いいところ（上手）とそうでもないところ（下手）があるのですね。

この「上手と下手」という考え方をはっきり使いこなすようになったのは身分制度の広く行きわたった江戸時代の歌舞伎（かぶき）や人形浄瑠璃（じょうるり）からで、それ以降、現在まで、新劇でも、またたとえ前衛劇であろうと、作者も演出家も俳優も、このふたつのコトバを使って仕事をしています。テレビ界などでも重宝されていて、フロアディレクターが通行人役の俳優に、「ハイ、下手から上手へゆっくり歩いて行ってください。そこへその上手から武田信玄が登場……」などとやっています。なかなか便利なコトバであるらしい。どう便利かといえば、身分の高い人が上手にいて、そうでもない人が下手にいると、観（み）る方も演（や）る方もとても落ち着くのです。これとは逆に、親分が下手で子分が上手となるとなんだか、しっくりこない。こういうのを普通、「居どころ」がよくないというふうにいいます。この居どころも舞台用語で、登場人物の舞台上での定位置のこと、役によってすわる場所が定められています。大雑把にいうと、主役は舞台中央か舞台上手、脇役は舞台下手が常態。女房役が亭主役の前に出ることは普通禁じられています。そしてくどいようですが身分の高い役は中央か上手にすわります。

もっと具体的にいいますと、ここにひとつお店があります。意地の悪い主人が若い番頭をねちねちと叱っている。このときの居どころは主人が上手、番頭が下手でなければなりません。ところが叱っている途中で、この番頭がじつは某大藩の家臣で仇討の大望を持っていることがわかる。侍が番頭に身をやつしていたのです。この「じつは」と「やつし」とは、歌舞伎の根本構造なので呆れるほどしばしば出てきますが、それはとにかく、番頭の身分が判明した途端、番頭じつは若侍が上手へ、主人は下手へ居どころを変えます。真の身分があらわれると同時に居どころがガラリとかわる。見物人はなんだかスッキリとします。だいたい話がわかりやすくていい。もしそこへ若侍の上司である家老かなにかが登場すれば、またも居どころが変わって若侍は下手。主人はそのまた下手へ控えているということになります。このように舞台の上座が上手、下座が下手なのですね。

ではなぜ舞台の上手が身分のより高い人の定位置になったのか。諸説がありますが、役者からみると上手は左手。日本人は古代から、右よりも左を重んじてきたから、左手を身分のより高い人の定位置にし、そしてそのあたりの上座を上手と名づけたという説がもっとも当たっているように思われます。

とくに日本の演劇の舞台は横に長く、それだけに上手下手についての感覚は鋭いものがあります。

「すみません」だらけの世の中に？

〔問〕

「すみません」が大流行しているようですが、乱発するのはおかしいのではないでしょうか。時と場合に応じて「ごめんください」「お願いします」「ありがとう」のほうが意図もはっきりするし、ほんとうに謝るなら「申し訳ありません」のほうが誠意が伝わります。どうして世の中、こんなに「すみません」だらけになってしまったのでしょうか。　（大阪府・荻野達也）

最近、若い人たちのあいだで「いいじゃん」「そうじゃん」という言い方が定着しつつあるように感じられます。横浜から湘南（しょうなん）地方にかけての方言だと思いますが、こういったものが共通語化していいのでしょうか。　（千葉県・松永由喜夫）

＊

筆者も「すみません」を乱発する組の一人なので御質問には考えさせられましたが、先回りして結論をいってしまうと、この手の一種の挨拶語はどんなに貧弱で貧困なものであれ、流行らないより流行ったほうがずっとましだと思います。わたしたち人間は、だれでもたがいに、その行い澄ました顔の奥に相当に凶悪なホンネを隠し持っていることを知っています。別にいうと、おたがいに相手が何を考えているか分からないので不安なのです。そこで何を考えているか分からない相手と出会うたびに緊張します。満員電車が揺れる、隣り合って身体を預け合う者同士が押しつ押されつする。このときむっと押し黙っている人間がいると、次第に相手が悪意をもっているから押してくるのか、自分が相手の悪意をさらにかきたてるために押しているのかわからなくなる。このとき、どっちかが「どうもすみません」と挨拶を送ることができれば、おたがいの得体の知れなさが減って、たがいに相手の気分や意図や正体や素性がちらっと見えてきて少しはほっとします。このほっとした気分が相手へも伝わって不安や緊張がほぐれてくる。そればかりか「おたがいに他意はないのだ。おたがいに満員電車で辛（つら）い目に遭っている同士なのだ」という仲間意識さえ芽生えてきます。

このように挨拶語は、少なくとも自分は相手に敵意や害意を抱いていないという意志の表明ですから、流行れば流行るだけ、その場面から不安や緊張が少なくなってゆく。そこで「すみません」の流行を結構なことだと思っているのです。たしかにそのときそのときにふさわしい挨拶語があって、それを使い分けるのが望ましいことはいうまでもありませんが、しかし話し言葉の世界は忙しい。あれこれ思案しているうちに、その言葉を発すべき時機を逃してしまいかねない。それなら「すみません」で全部すませてしまおう。これは悪いことではないと思うのですが、いかがでしょうか。

ところで話し言葉の世界でもうひとつ厄介なのは文末の問題

です。言いたいことは文末の手前ですべて言い切ってしまった。その上さらに「……だよ」「……だと思うよ」「……だろうじゃないか」といった文末をつけ加えるのはうっとうしい、また強すぎる。このとき神奈川方言をもってきて文末を「じゃん」にしてしまうのはなかなかの智恵だと感心しました。流行言葉にばかに甘いようですが、消えて行くべきものはやがて消えていくはずですし、筆者にはあまり気になりません。

ところで最近の流行言葉には目立った特徴が二つあるようです。まず無理に新語や珍語を発明せずに従来からある言葉を、その言い方で流行ものにしてしまうことが多い。「すみません」もそうですし、その他、「いちおう」「つーことで」「どーもー」「ビョーキ」「べつにー」「ほとんど」「ま、いいか」「またまた」など例をあげれば際限がありません。そして言い方は、明るく軽く言うのがコツ。大学で運動部より同好会に人気があつまり、音楽もBGMのように軽いものが好まれ、タバコや清涼飲料水も「――ライト」が売れるというライト化の風潮（重苦しいものはだめ。明るく軽いのりで行こう）が流行言葉の言い方にも影響を与えているのでしょうか。

なぜ、「キラキラ」はカタカナなのか

〔問〕

外国人がわかりにくいという「キラキラ」「ピカピカ」「ニコニコ」などの言葉は、なぜカタカナで書かれるのですか。

(神奈川県・外村有弘)

＊

昭和二十五(一九五〇)年に国語審議会が『国語問題要領』という報告書を公(おおやけ)にしました。その中に〈カタカナは外来語や外国の固有名詞に、あるいは擬音語などに用いられる〉とあります。話は前後しますが、敗戦直後、筆者たちは〈擬声(擬音)語はカタカナで、擬態語はひらかなで〉という原則をかなりきびしく叩(たた)き込まれました。この原則は現在でも、だいたいのところはよく守られているようです。その頃と変わったことといえば、特別に意味を持たせたいときはその言葉をヒラガナにする傾向が強くなった。専門用語、俗語隠語、方言、動植物の名をヒラガナで書くようになった、漫画や劇画や広告でカタカナが活躍するようになった、常用漢字表にない漢字をカタカナで書く人がふえてきた、そして擬態語もカタカナ書きするようになったことなどがあげられます。一口でいうと、カタカナ書きがじわじわと自分の陣地を広げているようなのです。

　さて、話を先に進めるために、ここで簡単に擬声語と擬態語の説明をさせてください。普通、その言葉のもつ音と意味とのあいだには、なんの関係もありません。たとえば、地上に集まった水の流れていく道筋（これが意味）を「カワ」という音で表現しますが、これは約束事、習慣としてそう読んでいるだけなのです。ところが擬声語や擬態語は、音と意味との間に、ある程度ですが、合理的な結びつきがあるのです。そのため、感情に直接（じか）に強く働きかけてきます。普通の言葉にはない描写力や説明する力があります。――というところでもうひとつ注釈をつけると、外界の音や声を言語音で模写したのが擬声語です。一方、擬態語とは、音や声のしないものや人間の心理などを、見た感じや触った感じなどに翻訳し、間接的に、言語音で模写したものです。

ところで擬声語はどこの国の言葉にもあります。たとえば十六世紀の英国詩人トーマス・ナッシュは『春』という詩の中に鳥についての擬声語に全員集合をかけました。それはこうです……the pretty birds do sing cuckoo, jug-jug, pu-we, to-witta-wo! これも英語の例ですが、幼児語の「ちー」（おしっこ）がwee-wee、「ぱちゃぱちゃ」という雨の音がpitter-patter、ピストルの「パン！」がbang、いびきがzzzzz……など、数え切れないほどあります。ところが擬態語の方は、これはほとんどないといっていいようです。筆者はずいぶん熱心に英和辞典を調べたつもりですが、ジグザグ（zig-zag）、てんやわんや（nurly-burly）、さっという速い動き（swish）、くるくる回るさま

(spin spin) ぐらいしか発見できませんでした。筆者の調査では当てになりませんから改めて申しますが、言語学者たちが口をそろえてそう主張しておりますので、ご安心ください。一方、日本語には擬態語が千個近くもあるそうですし、さらにスケスケだのミエミエだのウハウハだのプッツンだのポテンヒットだのマッタリだのと、新しいのがどんどん出てきているのですから、外国人がまごつくのも無理はありません。そして日本語の擬態語が日本人の聴覚や視覚や触覚、それから外界や人間心理に対する感じ方から生まれたものであることを思い出してください。感覚まで日本人になり切ることはなかなかむずかしい。だから外国人に日本語の擬態語はわかりにくいのではないでしょうか。

日本語に擬声語や擬態語が溢れているのは、どうしてなのか、これについては紙幅の都合で後日に譲りますが、最後にひとこと、カタカナには漢文を訓読する際の、一種の補助文字として発明されたという暗い出生の秘密（?）があります。そこでご

日本語の擬音・擬態語を英語に訳すときに便利な辞典として、尾野秀一編著『日英擬音・擬態語活用辞典』（昭59・北星堂書店）があります。

くごく最近まで〈まだ完全に日本語として認められていない言葉はカタカナで〉という原理が強くはたらいていました。擬声語や擬態語をカタカナ書きにする心理には、〈ちゃんとした書き言葉としてはまだまだ半人前だもんね〉という、先の原理がまだしっかりと残っているからだと思われます。

連語で、なぜ清音が濁音になるか

〔問〕

夫婦けんかとは言わずに夫婦げんか、子供つくえは子供づくえ。固有名詞でも、桜島（じま）、金剛山（ざん）。なぜ清音が濁音になるのでしょうか。由来とか、その法則のようなものがあれば教えてください。

（福岡県・田岡鎮男）

＊

海外の言語学者たちの説によれば、「日本語の音のひびきは美しい」ということです。その真っ只中（ただなか）にいる私たちにはあまりピンときませんが、たしかに日本語は母音の多い言語ですから、傍（はた）からは美しく聞こえるのかもしれません。アメリカにウイリアム・ホイットニー（一八二七〜九四）という言語学者がいて、この人も「日本語は耳に快適な言語である」と言っています。ホイットニーはアメリカ東洋学協会会長や初代のアメリカ言語学協会会長をつとめた一代の碩学、日本語の音のひびきは美しいということは信じてもよさそうです。ほかにも大勢の学者たちが似たようなほめことばを贈ってくれていますが、その紹介はまた後日にゆずることにして、御質問の連濁現象も、音便や連声と同じように、日本語を口に滑らかに、耳に快適なものにするための、祖先たちの工夫の一つだったのではないでしょうか。また同時に日本語の生理が連濁を要求するということもあったでしょう。

ですからこれは日本語と同じぐらい長い歴史をもっているはずですが、とりわけ強く意識されるようになったのは、読経が輸入されてからだと思われます。なにしろ読経は僧侶たちの最大、最高の見せ場、そして聞かせどころ。彼等は連濁現象を分析し、またそれを統合していくつもの法則を生みだしながら、耳に美しく、かつ荘厳にひびく読み方を探し求めました。もっともその頃は、連濁も連声も音便も一緒くたにされていて、連濁現象を他と区別して考えるようになったのは、江戸も半ばを過ぎたあたりらしい。

連濁についてのきまりは沢山ある上に、例外が多くてとても一筋縄では行きません。縄を百本用意してもうまく捕らえることができないぐらい複雑です。それでも信ずるに足る傾向が二、三あって、たとえば「前の語が後の語を説明しているようなときは連濁がおこりやすい」ようです。

夫婦のけんか→夫婦げんか
子供のつくえ→子供づくえ
キビのはたけ→キビばたけ
若い木→若木(わかぎ)
ワラでふく→ワラぶき

ところが「星(ほし)の屑(くず)」は「ホシグズ」とはなりません。なぜかというと「後の語の第二拍、第三拍に濁音があるときは、連濁はおこさない」という別のきまりが働いているからです。ほん

「連濁現象を体系的に記述することは困難で

とうに複雑ですね。

右とは逆に、「前と後とが対等の資格で連なっているときは連濁はおこりにくい」という傾向があります。

山・川→やまかわ

草・木→くさき

このほか、あてになるきまりとして「撥音（ン）の直後はおこりやすい」（番傘、どんづまり）、「擬声・擬態語ではおこらない」、「促音（ッ）の直後ではおこらない」などありますが、近ごろでは連濁を無視するほうへ大勢が動いているようで、このあいだ道ですれちがった小学生は「ひらがな」を「ひらかな」と言っていましたし、テレビの時代劇の中で、ある若い侍が「われわれ平さむらいとしては」と同僚に話しかけていました。また金田一春彦さんが教えておいでの学生さんたちはエレベーターに乗ると「サンカイでおります」と言うそうです。「ンの直後におこりやすい」というきまりが無視されているわけです。

ある」という学者（奥村三雄氏）もいるくらいです。

例外だらけのきまりがたくさんあるせいで、私たちの連濁意識はどうもぼんやりしてきたようですね。

日本製漢字について教えてください

〔問〕

常用漢字の制定で、国字（和字）がほとんど使われなくなりましたが、字そのものでよく意味をあらわしたもの（辻、峠、躾）、日本独特なもの（榊、裃、俥）、ユーモラスなもの（鱚、鰯、鯱）など、興味深い字が多いと思います。ある辞書で四十ばかり見つけましたが、いったい国字は全部でいくつぐらいあるのでしょうか。また、いつごろつくられたのでしょうか。

（愛知県・上中正一）

＊

質問者のお知恵にならって、筆者も日頃から愛用している『岩波漢語辞典』を一頁一頁丁寧にめくって国字の数を勘定してみました。見落としがあるかもしれませんが、筆者の数えたところでは国字が百二十一個ありました。ただしこの漢和辞典には、杦だの、聢（しっかりと）だの、鰙だのが載っていませんでしたから――こんな国字はだれも使いませんから載っていない方が自然でしょう――全部でいくつあるのか正確にはわかりません。いつか暇ができたら諸橋轍次先生の『大漢和辞典』に挑戦してみましょう。

もっともいくつかの目安がないことはありません。たとえば現在残っているものでは最古の、大規模な漢和辞典である『新撰字鏡』（全十二巻）には四百二十字の国字が収められています。この編者は昌住という名の学問僧で九世紀の人です。平安初期のこの辞典にそれだけ多数の国字が載っているところをみるともう奈良時代からすでに使用されていたのではないか。――とこれが多くの学者の一致した見解です。

『岩波漢語辞典』を用いて行った筆者のささやかな調査でも、国字には木部（杣、柾、梻、椛、椚、椙など）、魚部（鯒、鮴、鯑、𩸽、鰘、鰰、鱈など)、鳥部(鳰、鴫、鵤、鶫など)が多くありました。これは次のような事情を物語っていると思われます。すなわち、日本人の祖先は漢土から漢字を輸入した。しかし日本は漢土となにからなにまで同じではない。漢土にはないが、日本にはある物の名や概念をあらわす文字が必要になった。そこで漢字の構成原理をふまえた似せ漢字をつくった。それが国字だった。

では、国字の製作法はどうか。大別して三つあるようです。第一が会意。ふたつ以上の字の意味的な組み合わせです。「辶」(進み入る意)と「入」で「込」(中に進み入る)。畑は、「火」+「田」で焼畑の意。「田」(水田)に対していう国字です。第二は、形声の原理(意符と音符の組み合わせ)によるもので、たとえば「人」+音符「動」で、人が手足を動かす意の「働」がそうです。第三は字形の組み合わせで、文の草体と片仮名のメを合わせて、「匁」。

なお、右にあげた「込」「畑」「働」、そして「匁」は常用漢

なまずのことを中国では「鮎」と書いていました。で、あゆのことを「香魚」と書いていた。

なぜ「麿」などという現代社会で使われそうもない字が人名漢字に入っているのでしょうか。人名漢字の案を作ったのは、カナモジカイの松坂忠則氏で「百字の人名漢字を選ぶつもりだったけれど、百字選べず、九十二字にとどまった」と松坂氏が自ら語ったことが

字に入っていますよ。ほかにも「峠」「塀」「搾」「枠」の四つ、合わせて八字の国字が常用漢字です。ちなみに人名漢字には、「笹」と「麿」の二つの国字が入っています。

おもしろいのは国字の中国への逆輸出で、「働」「腺」(泉のように体液がわき出る所の意で、蘭学者宇田川玄真の造語)「粍」「鯰」(なまず)などが中国で使われております。

なお、国字の製作法ですが、大多数が会意でつくられています。江戸後期の文献学者で考証学者、上野池の端の本屋の生まれの狩谷棭斎(一七七五〜一八三五)は、国字のことを「皇国所製会意字」と長ったらしい呼び方をしていますが、この呼称そのものが製作法の傾向を雄弁に語ってくれているのではないでしょうか。

おしまいに、ひところ流行した广O(慶応)大学やKC庁といった造語法もこれから有力になるかもしれませんね。これだって形声の原理(ただし音符の方は英語ですが)にもとづいていることはたしかですから。もうひとつ、近頃流行の造字遊びも

あります。そこで私が「大野晋の晋が入っているのは、漢字問題にウルサイ奴の名は入れておこうと思ったわけですね」とお聞きしたところ「御名答!」と松坂氏は答えました(昭和三十五年、毎日新聞社の会合で、学芸部の桑原氏、浜田氏同席)。これと同じ論理でいけば「麿」の字が入っているのは、ローマ字会の先達で、国語審議会を左右していた土岐善麿氏の「麿」に敬意を表して「麿」を入れておいたと見るのが妥当だと私は考えています。当日土岐氏も

新しい国字をつくり出すかもしれません。金へんに「隠」をつけて「⿰金隠」（へそくり）、豚を横にして「豚」（トンネル）など、もう立派な会意です。

同席していました。松坂氏は大野にこのように語ったことについて、山本有三氏から叱（しか）られたと聞いています。

（大野晋）

名詞なら何でもすり寄る動詞スル

〔問〕

『青春する』『おじさんする』など、『する』が付く言葉がたくさんありますが、どういうものに付けられるのかよくわかりません。私の持っている辞書では、〈掃除〉〈洗濯〉には『する』が付いているのに、〈買物〉には付いていません。『する』を付ける基準のようなものがあるのでしょうか。(東京都・堤由子)

最近、『主婦する』とか『青春する』とかよく耳にしますが、落ち着きが悪いというか、なんとなくヘンな言い方のような気がします。しかし、『質問する』とか『採用する』などはおかしいと思いません。『文法する』などサッパリの素人(しろうと)が、すっきりと胃の腑(ふ)へ落ちるよう説明していただけませんか。(京都府・玉城正彦)

＊

ひとつのコトバの体系の親骨（おやぼね）、背骨になっているのは、名詞と動詞であることは、どなたもよくご存知の常識以前の常識。では、その動詞の中心になっているのはなんでしょうか。日本語の場合、動詞の親骨は「〜する」なのです。サ行変格活用という独特の活用変化をするこの「する」は、御飯粒（ごはんつぶ）のようにほとんどあらゆる名詞にくっつき貼（は）り付き、その名詞を動詞に変えてしまいます。和語だろうと、漢語だろうと、はたまた外来語だろうとお構いなし、とにかく相手が名詞なら、さっと擦（す）り寄り、ぱっとくっつく。女性とみれば必ず声をかけたという、あのカサノバ氏のような動詞なのです。

このマメな働きのおかげで「××する」型の複合動詞は、国語辞典の中で一大勢力をなしています。ここからは、国語学者松井利彦さんの『漢語サ変動詞の表現』（明治書院『国文法講座』第六巻所収）という論文の受け売りになりますが、国語辞典に載っている動詞のじつに六七・九パーセントが「××する」型だ、というのですから驚くではありませんか。動詞のうちの三分の二以上が「××する」型なのです。そしてこの「××する」型動詞の八〇パーセントまでが「漢語＋する」なのだそうです。新聞記事の文章には特に「漢語＋する」が多く、国立国語研究所の調査（一九六六年一年間の朝・毎・読の三大新聞の語彙調査）では、記事の中で使われている動詞の九〇パーセントが、この「漢語＋する」でした。

ここまでをごく大まかにまとめると、こうなりましょうか。日本人は漢語に「する」を付けて、とかく品不足になり勝ちな和語の動詞の数を補ってきた。そしてそのうちに新しい動詞づくりに、積極的に「漢語＋する」のパターンを利用するようになった、と。

別の言い方をすれば、「漢語（和語・外来語）＋する」という動詞は非常に安定しているのですね。そこで何かあると、すぐこのパターンで新しい動詞をつくってしまうのではないでしょ

また、逆の言い方をすると、サ変動詞は、

うか。

こういう次第で、「××する」型動詞の流行は、現在だけではなく、過去に何度もありました。たとえば太平洋戦争のはじまった年、一九四一年に文学者の佐藤春夫はこう書いています。

「国語を以て文学に従事する（といふことを近ごろは文学するとかいふやうなことを申すが、自分はこんな言葉は大きらひだから使はぬ）限りは、何人も国語の醇化と美化とを志すことを当然としてゐると思ふ。」（『国語文化講座』第四巻、朝日新聞社）

この佐藤春夫の文章は結構有名で、松井利彦さんの前掲論文にも引用されていましたが、それはとにかくとして、日本人の生活史が大きく動くとき、その言語もまた動き、同時にその中核をなす「××する」型動詞に新種が現れるもののようです。

そんなわけで、基準というものはなさそうで、使い込まれているうちに受け容れられるものは定着し、そうでないものは忘れ去られただけのことでしょう。

語幹だけで、単独で用いられることが多い。新聞の見出しはその見本市のようなもので、運賃の値上げを決定。審議会に諮問。新記録を樹立、など毎日のように見受けられます。これは《サ変動詞の語幹と語尾との結合度がゆるいこと、そしてこの不安定さは、また「する」がいろいろの語に自由に付きうることと関連する。》（鈴木丹士郎氏）のです。

○○チョウと××マチの違いは？

〔問〕

○○町の呼び方に○○チョウと○○マチの二つありますが、これこれの場合はチョウ、しかじかのときはマチというように、なにか約束事があるのでしょうか、チョウかマチかといつも迷っています。ちなみに、私が育ったところの近くに神田小川町という地名がありますが、いろいろ聞いてみると、マチ派とチョウ派とは半数ずつのようです。（北京日本大使館・吉岡睦博）

＊

いろいろ調べてみましたが、規則や約束事はないようです。その町の場合はチョウと呼び、この町のときはマチという、といった具合に一つ一つ覚えていくしかありません。——以上でおしまいです。

これでは味も素っ気もありませんし、紙幅がだいぶ残ってもいるので、調べているうちに気が付いたことをいくつか書き出してみることにしましょう。

冒頭に掲げた回答とは一見矛盾するようですが、行政区画上の「町」では、その呼び方には、はっきりした傾向が認められます。たとえば『新日本分県地図・全国地名総覧／昭和六十年度版』（国際地学協会）という日本で一番くわしい地図本で筆者が数え上げたところ、北海道には一五六の町があって、そのほとんど全部がチョウと読ませます。たった一つの例外が函館本線にある森町でした。北海道ではここだけが森マチと呼ぶのです。

ところが青函トンネルを潜り抜けて青森県へくると事情は大逆転、この県には三四の町がありますが、三戸郡の階上町を除く三三の町がマチと読む。岩手県と宮城県はチョウとマチとが入り乱れていますが、秋田、山形、福島、茨城、栃木、群馬、埼玉、千葉、神奈川、新潟、富山、石川の各県にはチョウと呼ぶ町が一つもありません。東京都には七つの町がありますが、これも全部がマチ、チョウと呼ぶのは一つもない。

これが西へ行くと、ふたたびチョウが圧倒的に多くなります。岐阜、愛知、三重、滋賀、京都、大阪、兵庫、奈良、和歌山、鳥取、岡山、山口、徳島、香川、愛媛には、マチと読ませる町は一つもありません。九州は、宮崎、鹿児島、佐賀、長崎がチョウ派、福岡、熊本、大分がマチ派。沖縄は完全なチョウ派で、マチは一つもありません。

ここまでをまとめると、北海道ではチョウと呼び、東日本ではマチと読めば、まずまちがいがない。名古屋以西は、四国・九州・沖縄までチョウの天下。ただし九州にマチ派の県が三つある。以上が行政区画上の「町」を読むための手引書です。

――とここまではいいのですが、地方公共団体の「町」以外の町名は、最初に記したようにてんでばらばら、なんのきまりもありません。たとえば神田界隈（かいわい）を例にとりますと、淡路町、神保町、須田町とチョウ派があれば、小川町とマチ派がある。小川町はマチと読むのが正解です。ただし、神田の場合はチョウ派が優勢で、それに引っぱられて小川マチを小川チョウと言ってしまうことが多いのかもしれません。

音読みする地名に町がついたときはチョウ、訓読みの地名についた町はマチと読む――という規則があるのではないかと思いもしたのですが、それすらもマチマチで、たとえば、神田の淡路町は、アワもジも、ともに訓読みなのに、チョウと音読みが付く。一方、神保町は、音読み地名にきちんと音読みのチョウが付く。こういう具合にすべてがマチマチなのです。このマチマチさ加減も文化遺産の一つであると覚悟をきめて、一つ一つ憶えて行くしかないのではないでしょうか。

ちなみに北海道の上富良野町の町名はすべてマチで統一されています。旭町、泉町、扇町、大町……と、みんなマチ。近代になってから拓かれた町なので、こういう規則性を採り入れることが可能だったのでしょうね。

同じ字で書いても、「門前仲町」はモンゼンナカチョウ、「大塚仲町」はオオツカナカマチという例もあるんですね。（大野）

接頭語「小」の働きを教えて下さい

〔問〕

「小生意気な女」「小首をかしげる」「小股(こまた)の切れ上がった女」など、頭に「小」のつく言葉がありますが、この「小」はどういう役目をしているのでしょうか。

(群馬県・飯島良友)

＊

この「小」は、どなたもご存知のように、接頭語です。そこで接頭語についてちょっと復習してみることにしましょう。そうすれば自然に、「小」の果たしている役割が見えてくるかもしれませんから。

接頭語は、目立たない日陰の花です。なにしろ、独立した一語としての機能性をもたない造語部分でしかありませんし、き

より正確には「接頭辞」といった方がよいかもしれない。

びしく定義すれば「語以下の成分」ですから、名詞のようなスター性に欠けます。動詞や助動詞や形容詞のように七変化も八変化もして派手に振る舞うこともありませんし、副詞みたいに斜に構えて一家言を吐くなんてこともないし、助詞のようにまめまめしく文に仕えることもしません。また接続詞のように頑固なところもない。感嘆詞のように声高な物言いをするわけでもなく、ただじっと物陰にかくれている。けれどもその働きぶりをそしらぬ風を装（よそお）って見ておりますと、なかなか小味な気のきかせ方をしていることがわかります。

まず第一に、名詞や動詞や形容詞の上について、さまざまな意味を添えます。たとえば敬意（お顔、み心）、真正または純粋（ま心、ま正直、す顔、き娘）、新しさ（うい孫、はつ雪、にい妻）、小さい、または少し（お川）、否定（ふ必要、ぶ気味）、強弱（つよ酒、よわ腰）、性別（めんどり、お牛）、何となく（もの悲しい、いけ好かない）など、接頭語のおかげで意味がとてもはっきりします。また、微妙な味わいも出せます。第二に、接頭語は語調を整える仕事もしています。さ夜ふけて、星なきみ空、たやすい御用だ、か弱い女の身でなどなど、接頭語がつくと途端に語路がよくなります。第三に接頭語には生産力があります。とくに漢語由来の接頭語（抗癌剤、全日本、有資格者、未開発、非能率、反体制、半導体、超音速、第一）、外来語由来の接頭語（ミス東京、アンチ巨人、ミニボトル）は、凄い増殖力を秘めています。アフリカのスーダン・ギニア語に属するヴァイ（vaï）語では接頭語が一番偉い（？）のだそうで、動詞の頭につく接頭語が人称や数を決めていると聞いたことがありますが、ま、このヴァイ語ほどではないにしても、日本語の接頭語もかなりのやり手なのではないかと、筆者は思っています。

ご質問の「小」は接頭語の中でも働き者で、ざっとかぞえて十ほどの仕事をしています。物の形が小さい（小島）、程度が少ない（小雨）、年が若い（小童、小犬）、数量が足りないがややそれに近い（小半日）、半分（小半斤）、いうにいわれない、どことなく（小綺麗）、軽蔑（小役人）、憎む（小うるさい、小やかましい）、体の一部分をあらわす名詞について表現が露骨にならないようにする（小膝を打つ、小腰をかがめる）、語調を整えたり強めたり（小甘い、小癪、夕焼小焼、おお寒小寒）。

問題は「小股の切れ上がった女」です。これはいつも議論の種になるところで、ここまで述べた接頭語論では解決いたしません。有力な説が三つあって、㈠きりりとして小粋な婦人の容姿の形容、㈡顔の男好きするということを姿のよしあしに移して言ったもの（永井荷風の説）、㈢下腹部の左右を上に走る二つの鼠蹊線が「小股」である。ここが切れ上がっているということは、つまり○○○○部分もせり上がっているわけで、名器なのである。――この三つです。いずれの解釈をとるかはわたしたちの自由、「小股」とはなにかという結論は、まだ出ておりませんから。

ニワニワニワノニワトリガイル!!

〔問〕

「東京特許許可局」や「おあやや、おあやまりなさい」などと、早口言葉遊びをしたことがありますが、音声学的にどのような音節のつながりが言いにくく、早口言葉として面白いものになるのでしょうか。

（東京都・宮沢徹）

＊

昭和の天皇がまだご病臥（びょうが）中のころ、あるテレビ局の放送記者が「下血（げけつ）」に「御（ご）」をつけ、「ゴゲケツ」と言おうとして、「ゴゲゲゲ……ゲッ」

と発音してしまったことがありました。ご病状報告の初期のころのことです。間もなく、どういう取り決めがあったのかは知りませんが、下血は「御」をつけずに発語するのが慣例になりました。これはとてもよかった。というのは「ゴゲケツ」ではずいぶん言いにくいからです。なぜ言いにくいかというと、四つの音節のうち「ツ」をのぞく三音節がよく似ているからです。ゴもゲもケも軟口蓋を使って調音する破裂音で、音のちがいは唇の形と舌の位置を変えることで出すしかありません。これはなかなかむずかしい仕事です。そこでたいていの早口言葉は「よく似た音をできるだけ多く繰り返す」という原理にもとづいて作られているようです。「東京特許許可局」もそう、十の音節の中で「キョ」という音節が四つあって、そのうち三つまでが、

……キョ・キョ・カ・キョ・ク

と、間に同じカ行の音「カ」をはさんで連続しています。そこで「カ」が、直前のキョの二連続につい引っ張られて「キャ」となってしまいます。江戸時代に流行した早口言葉のひとつに、

「書写山の社僧正」

というのがありました。書写山とは播磨の名刹で正しくは天台宗（書写山）円教寺、正月六日に社僧総代が江戸城へ拝賀するのを許されていたほどの大した寺なのですが、その社僧総代がなにかというと「書写山」を言い損ねてしまうので話の種になっていました。ショ、シャと硬口蓋と歯茎とを連続して使ったすぐ後に、それとはよく似た音だが硬口蓋を使わないサがつづく。そのへんの切り換えがうまく行かず、ショシャシャンと発語してしまうわけです。

「李も桃も桃のうち」

という早口言葉もあります。漢字を使えばどうということもありませんが、これを音節にすると、

スモモモモモモモモノウチ

となり、これをいきなり読めといわれるとまごつきます。

ニワニワニワノニワトリガイル

も初見では言いにくい。「庭には二羽の鶏がいる」と漢字を

まじえると、意味がはっきり浮かびあがってきて、もうまごつくこともなくなります。このように同音を連続させて意味をとれなくし、舌をもつれさせる早口言葉もあります。では早口言葉の代表のようなあの「生麦生米生卵」はどうでしょうか。

ここにも「よく似た音をできるだけ多く繰り返す」という原理がはたらいているのはたしかですが、もうひとつ日本人の音声器官の全体を動かしてやろうという野心があります。これを三回も繰り返しますと、口の奥から唇の先まで軟らかくなったような気持ちになりますが、それもそのはず、鼻音あり、有声音あり、閉鎖音あり、そり舌になるわ、唇を使うわで、音声器官総揚げの大運動会。このように音声器官全体に仕掛けられた早口言葉もあります。

日本語の音節数は百四プラスα個、そのひとつひとつは、発音するのがそうむずかしいわけではありません。がしかし、似た音節や同じ音節が連続したり、短い時間に音声器官をあれこれ一気に使うとなるとむずかしい。早口言葉はこのあたりにつ

百十二個（＝拍）ある、という説もある（金田一春彦『日本語』上巻　岩波新書）。八五頁の脚注参照。

けこんで生まれてきたものと思われます。最後に筆者の好きな早口をひとつ。「馬の股に藁一本」。これを何度も早口で唱えると、凶々しいものが現れてきます。

「人がいました」と「人がありました」の違い

〔問〕 日本の昔話は「むかし、おじいさんとおばあさんがありました」と始められますが、人の存在を「ある」というのはなんとなくそぐわない。「ある」と「いる」とはどう使い分けるのですか。

（兵庫県・小谷和幸）

＊

だいぶ前になりますが、こっちが日本語を教えるから代わりにそっちは英語を教えてくれという条件で、あるアメリカ人に部屋を貸したことがあります。一か月ほどたって双方同時に音をあげました。筆者は「英語の動詞は、なぜ人称や数の支配をうけるのだ、ケシカラン」と英語に腹を立て、彼は彼で「日本語の動詞は相手との関係に支配されすぎている。ケシカラン」とぶつくさ言いはじめたのです。

敬語によほど手を焼いたらしい。もっともその後、和英辞典を一冊みごとに引き潰し、アッパレ日本語の使い手になりましたが、もうひとつ彼を悩ませたのが、有情と非情でした。主語が有情か非情かによって動詞の使い方が変わってくる。これがなかなかのみこめない。教師役の筆者も不案内で、あわてて書店へ文法書を買いに走ったりもしました。だいたい筆者は、マッチを探していて、それが見つかると、

「あ、居だ！　マッツがここさ居だ！」

というような地方（山形県南部）で生まれ育ったせいもあって、「いる」と「ある」の使い分けにうといのです。また、学生時代によく入り浸っていた喫茶店のマスターが和歌山県人で、よく客を呼び出すのに、

「○○さんという人ありますか」

と言って笑われていました。いまはどうか知りませんが、む

かしの和歌山では、やはり「いる」と「ある」とがゴッチャになっていたようです。そのころにくらべると国語辞典も文法書もずいぶん充実してきています。それらを机上に積んで、「いる」と「ある」の使い分けをまとめてみました。

まず、原則が三つあります。――ここで、なぜ、「原則が三ついます」と言ってはいけないのかという疑問が生じますが、これは「いる」が、

〈存在するもので、かつ情意によって、もっといえば、自由意志によって、移動が可能なものに用いる〉

というきまりがはたらいているからです。大事な原則が自由意志で勝手に動かれたりしては困ります。それでは原則にならないから、「原則が……ある」と言わなくてはならない。「いる」は本来、「坐（すわ）る」「腰を下ろす」ことだそうで、底に、いつかは動いて「立つ」「腰を上げて去る」という未来が隠されている。つまり「いる」は、一時的という条件つきの存在を示すもののようです。

この第一原則から「ある」の使い方が自然に導き出されます。すなわち、こうです。

〈非情物に用いられる。別にいえば無条件の存在を示す〉

これが第二原則ですが、さらに第一と第二とにまたがって第三の原則。

〈人や動物が、具体的な、ある場所に一時的に存在していることをあらわすときは「いる」を用いるが、ただし、漠然と有無を問題にするだけなら、「むかしむかしあるところに、おじいさんとおばあさんがありました」のように、「ある」を用いることができる〉

この有情と非情はなかなか奥が深く、書くべきことは多いのですが、浅学菲才の筆者にとって幸福なことに、もはや紙幅がありません。

ちなみに、有情と非情の区別の基準は、多分に話者の主観に左右されます。海外へ赴任する人が、日本語の活字に飢えますよ、と言われ、

「むこうにも週刊朝日が届きます。週刊朝日がいてくれれば……」

と答えたとすれば、彼は非情物を擬人化して有情物に転換し、それへの愛を語っているのです。

いまも使われる「源氏名」って何？

〔問〕

内田百閒の『贋作吾輩は猫である』の中で、猫が「近辺の邸に、記するのは憚るが、れっきとした貴族が吉原の花魁の様な源氏名の苗字を名乗って居られる」といっています。あけみさん、えりかさんなどからさかのぼって、源氏名の由来その他について教えてください。

（神奈川県・森雅子）

＊

『源氏物語』五十四帖が日本の文化におよぼしている影響たるや大変なもので、たとえばこの間、筆者は、あんこをスポンジで巻いて、さらに昆布で縛った和菓子をたべましたが、これは「初音」と命名されていた。菓子まで帖名を名乗っているわけ

です。筆者は味音痴で、その菓子がうまいのかまずいのかちっともわからなかった。がしかし、

「あ、源氏物語に初音という帖名があったな」

と思った途端、なんとなく奥床しいような、ありがたいような気分になりました。源氏名には、そのものの真の正体を隠し、なにかしらありがたい気分にさせる効用がありそうです。今風に言うと、平凡でなんでもないものに、みやびや品のよさや優雅さといった付加価値を与えるもの、それが源氏名ではないか。ここまでを整理しますと、源氏名とは、

一　正体、素性を隠し、

二　付加価値をつける、

そういうもののようであります。

これをさらに事典的に定義してみれば、

「職業女性が用いる仮名の一種。宮廷の女官が『源氏物語』五十四帖の帖名を仮名として与えられたのに始まる。この風習は武家の奥向きに伝わり、近世には遊女妓名(ぎめい)にも使われた……」

となりますか。

といっても仮名の素(もと)が五十三個(「若菜」は上、下二帖なので一個、数が減る)ではすぐ品切れ、そこでいかにも帖名に似た漢字二、三字の優雅な名前が考え出されました。手許(てもと)に万治三(一六六〇)年板行(はんこう)の、新吉原の評判記『吉原鑑(よしわらかがみ)』があるので、それによって遊女の源氏名を調べてみました。高雄、花野、吉野、常世、丹州、和泉、金太夫、芳野、長門、山弥、幾代、唐崎、染川、類、坂田、若狭、加思本、三笠、柏木、常盤、初山、一角、山の井、時和、玉鬘(たまかずら)と、二十五人の名が載っていますが、このうち『源氏物語』の帖名をそのまま用いているのは柏木と玉鬘の二人だけ、あとは帖名に似せたもの。それでも、たとえば花野ですと、「花宴」や「花散里」といった帖名を連想させる仕掛けにはなっています。異色は金太夫ぐらいのものでしょう。

初めて見世(みせ)に出るとき、彼女たちはこれらの源氏名を鎧(よろ)いますが、その瞬間から完全に過去と切れます。「越後の寒村の水(みず)

呑百姓の娘で、名はお捨」という哀れな少女の本性が、たとえば「夕顔」と名乗った途端、優雅で裕福な貴族のお姫様に変身してしまいます。越後訛りもアリンスゴザリイスの廓言葉で隠されて、彼女はもう相手が殿様だろうとお大尽であろうと少しもひるむことはありません。

この発明は、女芸者の源氏名から俳人の俳名、それから芸道各流の芸名にもおよび、現代のキャバレーの「みどりさん、みどりさん、八番テーブルへおつきねがいます」にまで生きている。チェリーさんとかヘレンさんとかいった外国名の源氏名も流行っているようですが、素性隠しと付加価値加算の本質は変わっていないのではないでしょうか。ローラースケートがちょっとできて、歌もほんの少しできる平凡な少年たちが「光GENJI」と名乗れば、なんだかノーブルな貴公子然として見えてきて人気を集めるあたりにも『源氏物語』が生きていそうです。そういえば、津島修治という才能あふれる青森出身の作家は、津軽弁の出ることをおそれ、訛りを暴露することなしに発音できる「太宰治」という筆名を選んだそうです。ここにも源氏名の素性隠しの心理的メカニズムがはたらいています。

祖先の清浄感覚が濁点を忌避した

〔問〕

濁点はなぜ二つなのでしょうか。また、なぜ右肩に付けるのでしょうか。

（宮崎県・作前哲郎）

＊

万葉仮名の時代にも、当然、濁点はありました。そこで当時の人びとは、清濁を万葉仮名の字母によって書き分けていました。清音の「カ」を「加」、その濁点「ガ」を「我」というふうに。

ところが平安時代に入ると、大きく様子が変わります。万葉仮名でも書き分けをしなくなりました。また、万葉仮名から生まれた平仮名や片仮名にも、濁音文字をつくろうとはしなかった。つまりこの頃から、話し言葉で清濁は使い分けても、書き文字では清濁の書き分けはしないのが一般的になったのです。なぜでしょうか。いろいろ考えてみましたが、正確なことは分かりません。日本語の音韻論の方面でも第一人者でおられる大野晋さんに伺いを立てようかとも思いましたが、筆者はとりあえず次のように考えてみることにきめました。「神道の影響などもあって、当時の人びとは、〈清音＝清らか＝よいもの〉〈濁音＝にごっている＝よろしくない〉と考える傾きがあった。そこで、このよろしくない濁音を、特別の場合を除いては、文字で書き分けてやる必要があるまいとしたのだ」と。

もちろん、平安期のあたりでは、まだ、日本語の清音と濁音との間の音韻的対立がはっきりつかまえられていなかったという事情もあり、それが清濁を書き分けることをしなかった第一の原因だろうと推測しますが、筆者にはどうも、清音＝よい、濁音＝よろしくない、という意識が底にあったのではないかと思われてなりません。たとえば、かつて流行（はや）った戯（ざ）れ唄（うた）にこんなのがあります。「世の中は澄むと濁るじゃ大ちがい刷毛に毛があり禿に毛はなし」。そんな戯れ唄じゃ証拠にならんとおっしゃるなら、こういうのはどうでしょう。

　肩をトンと突く
　肩をドンと突く

　トンにはやさしさのようなものが感じられますが、それが濁ると喧嘩腰になる。この関係は、サラサラとザラザラ、キラキラとギラギラなどにも成り立ちます。

　速度計の針がふれる
　速度計の針がぶれる

　ふれる針には何とも思いませんが、その針がぶれるとなると、ハテナと軽い警戒心が働きます。このように濁音には「よろしくない」という印象をもつ。これが濁音無視につながったのではないか。そういえば昔から、

「濁音を清音で読んでも問題はない。しかし清音を濁って読むのは恥である」（芭蕉の言葉）

ともいわれてきました。とまあこういった理由から筆者は、「平安初期に清濁の書き分けはしないのが一般的になった」という事実を理解したのですが、しかし（ここからが本筋です）書き分ける必要があれば（「お経の文句を厳密に発音したい」「和歌和文の声調や清濁を正確に伝承したい」などなど）、人びとはさまざまな方式で濁音であることを表示するようつとめました。たとえば、

婆氵（朱点で氵（サンズイ）＝濁の略体をつける）

ボ（右肩に点を一個つける）

ト（仮名の下に点をつける）

カ（仮名の左肩に黒丸を二個並べる）

といった具合。また漢字の四声を示す声点が借用され、星点（せいてん）「・」を二個並べて濁音を表す方式も考え出されました。そして現在と同じような形になったのは江戸時代以後のことでした。いってみれば、いろんな方式の中から、長い時間をかけて、自然に、いまのようになったのです。しかも第二次大戦までは、

濁音に関連してパ行音を「半濁音」というが、これは比較的新しい術語で、『音曲玉淵集』（享保十二年・一七二七）あたりの例

濁音表記に必ず濁点を用いるとは限らなかった。濁点を用いていない好例は、大日本帝国憲法で、「第三条　天皇ハ神聖ニシテ侵スヘカラス」というように書かれていました。「濁音＝よろしくない」という意識がやはり生きているのかもしれません。というわけで、濁音は濁点を用いて表すという規則（きまり）がはっきり確立してから、まだ五十年とたっていないのです。

（半濁点「ϕ」）を古しとする。（『国語学大辞典』東京堂出版）。

「動作名詞」が決め手のサ変動詞化

〔問〕

名詞からサ変動詞をつくる場合、そのまま「――する」をつければことがすむ名詞（意識→意識する）と、一度、「――化」をつけて、それから「――する」をつけなければならない名詞（一般→一般化→一般化する）とがあります。「――化」のいる名詞といらない名詞の見分け方や、なにか法則のようなものがあれば、その法則を教えてください。

（愛知県・西尾斉）

＊

手許（てもと）の辞典からよく使われる名詞を抜き出し、それらを次のように二つの集合にまとめてみました。まず、それをじっくりとごらんください。

Aグループ
恋愛、計算、婚約、交際、妊娠、結婚、料理、食事、後悔、出産、教育、勉強、卒業、就職、入社

Bグループ
商品、ビル、映像、書類、歌、曲、財産、季節、社会、国営、日本、世界、地球

もうおわかりになったと思いますが、Aグループの名詞は「動作名詞」です。そして動作名詞に「――する」をつければ、その場でたちまちサ変動詞に早替わりします。これとは逆に、Bグループには動作名詞は含まれていません。動作名詞でないものをサ変動詞にするには、なによりも先に「――化」を付けて、動作名詞の仲間入りをさせなければなりません。

その名詞が動作名詞かそうでないかを見分けるには、ある検査を行います。筆者の考案した判定法をお教えします。

〈問題のその名詞に、「――を行う」をつけてみる。「――を行う」をつけてみて、ヘンな日本語にならなければ、その名詞は、

動作名詞である〉

「――を行う」を試験紙にして、動作名詞か否かを判定することの方法を「井上式反応測定法」といい、目下、新案特許を申請中です。が、まず認められないでしょう。別にたいした発明でもありませんから。

Aグループの名詞に「――を行う」をつけても、ちっともヘンではありません。「妊娠を行う」などは少しギクシャクしていますが、それでも成立しないわけではない。ところがBグループの名詞に「――を行う」をつけると、おそろしくヘンな日本語になってしまいます。「商品を行う」なんてどう考えても日本語になっていない。そこで「商品」は動作名詞ではない。すぐ「――する」をつけても動詞にならない。動詞にしたければ「――化」をつけてからにする。

ときには例外にもぶつかりますが、たいていの場合は、右の二つの法則で乗り切ることができますから、どうかお試しになってみてください。夜も眠らずに市民の生活を守ってくれているのはなにもガードマンのみなさんばかりではありません。わたしたちの気づいていない大小さまざまな言語法則が昼夜をわかたず活動して、わたしたちの言語生活を守ってくれているのです。

ところでこの数年来、動作名詞でないものに「――する」をつけることが、流行しました。お嬢さんする、主婦する、サラリーマンする、青春する、ハーレクインする、新人類する、松田聖子するなどがそうですが、これは法則性を無視したその破格なところがなかなか痛快で、よくはやりました。しかし、法則性を無視したものはどことなく不安定で、構造がひよわ、そう長持ちしないことになっている。事実、この流行もずいぶん下火になりつつあります。いまよく使われているのは「朝シャンする」ぐらいのものでしょうか。ところが、朝シャンプーという新語は動作名詞（「――を行う」をつけてみてください）、それに「――する」を付して動詞化しているだけ、つまり作法どおり。このように最後の勝者はやはり言語法則なのです。

当て字は「文化」を移しかえる力業(ちからわざ)

〔問〕

日本語には当て字がたくさんあるそうですね。この「当て字」そのものが当て字だとも聞きました。わたしの知っているものでも、〈御目出度(おめでと)う〉〈出鱈目(でたらめ)〉〈背広〉〈型録(カタログ)〉など、とてもおもしろいと思います。そこで、当て字の歴史とその傑作集をご教示ください。それから、井上さん自作の当て字で会心のものがあったら、それも合わせて教えてください。

（宮崎県・作前哲郎）

＊

当て字とはなにか。これを学問的に定義することはとてもむずかしい、といわれています。それに加えて紙数にも制限がありますので、一通りのことを駆け足で説明しておしまいにいたします。

日本に漢字が輸入される前から、たとえば「やま」ということばがありました。日本にも「やま」というものがある以上、それに対応することばはあるのは当然です。さて、そこへ漢字が入ってきた。そして日本の「やま」と見合うものが漢字では「山」であるとわかった。こうして「やま＝山」という関係、さらに中国の音をも加えた「やま＝山＝サン」という関係が成立し、固定します。漢字輸入期にはこういった関係がたくさん生まれ、そこでそのうちに、「山」という字は「やま」と読むのが正しく（正訓）、「やま」には「山」の字を当てるのが正しい（正字）とされるようになりました。

ところが日本語の意味に対応する漢字のないときはどうするか。中国にないものは、もともと漢字が存在しないのですから書き表しようがない。そこで発明されたのが万葉仮名だった。これは一音一字の表音文字ですから、日本語の音を漢字に移しかえることができます。あるいはまた、意味の対応は諦（あきら）め、便宜的に漢字の音や訓を借りて、とにかく日本語を漢字にするというやり方も行われました。大雑把にいえば、これが当て字です。話をいきなり飛ばして明治期になると、日本になかった西洋の文物がどっと入ってきます。それらを漢字で書き表さないとうまく使いこなせない。そこで当て字法が活躍する。その際、意味の連想の働きやすい字が選ばれることが多かった。たとえば「婦雷（フライ）」（婦人が雷のような音をさせて揚げるところから）などはなかなかの力作だったと思います。おっしゃるように「型録（カタログ）」は大傑作です。「食蒸餅（ショクパン）」というのもありましたが、これは苦しい。話を飛ばしてしまったせいで歌舞伎（かぶき）の外題（げだい）にふれることができませんでしたが。外題は当て字の宝庫、江戸の芝居者たちのすさまじい力業（ちからわざ）に感嘆するほかありません。

ここまでを復習（おさらい）すれば、当て字とは、単語の音を漢字で表記する方法の一つで、どこかこじつけがましいやり方でそれがなされているもの、と定義できるかと思います。

なお、皮肉なことに、戦後の漢字制限による漢字の書き換えで新たな「当て字」が発生している。

銓衡→選考
刺戟→刺激
聯合→連合
交叉点→交差点

近ごろの傑作をいくつか列挙してみましょう。「寝繰着(ネグリジェ)」、「満層荘(マンシヨン)」、「意明示(イメージ)」、「憂慰酔喜(ウイスキー)」、「軽ハズミ、してみたい。僕たちの軽験」（カティサークのコピー）、「筆需品」（パーカーほか六社の合同広告）、「肺見。パシャリ」（財団法人結核予防会）、「珍豚美人(ちんとんしゃん)」（酒場名）。どれもよくできていますが、すこしこじつけがすぎるかもしれません。

「女肢映妖大」（女子栄養大）、「好男女肢大」（甲南女子大）、「性丸穴慰姦大」（聖マリアンナ医科大）、「性慎女肢大」（聖心女子大）、「蕩叫女肢慰過大」（東京女子医科大）、「乗取溜性診女肢大」（ノートルダム清心女子大）、「拭丘女肢大」（福岡女子大）、「猥用女肢大」（和洋女子大）、「後味嚇怨女肢大」（跡見学園女子大）、「閨頻女肢大」（京浜女子大）、「酷律汚血夜悩身豆大」（国立お茶の水大）、「実洗女肢大」（実践女子大）、「見夜戯愕淫大」（宮城学院大）

……こういう下らないのは、みな筆者の作であります。

もともと無理な外来語の日本語表記

〔問〕

いまは亡き坂西志保女史は、よろずロゥズヴェルト大統領式に表示されましたが、賛成です。国会のセンセイ方が「パーティー券」とおっしゃるたびに頭痛がします。パーテーはパーティ、パスポートはパスポーツ、イングリッシュはイングリッシとした方が手間が省ける。せめてこれから輸入される人名、外来語は原音に近い表示にできないものでしょうか。

（神奈川県・森川宗弘）

＊

「外来語（とくに地名や人名）はできるだけ原音に近い表示で」というのは、文部省国語審議会の最近の方針でもあります。がしかし、筆者からみると、とうてい不可能であると思われます。

第一の理由。どんな言語でも音韻は一個の構造体です。その構造体へ他の言語の音韻が入り込むのはじつにむずかしい。たとえば日本語は百とちょっとの音節からできている。ところが北京語の音節数は四百、英語となると三千以上（じつはだれも数えた人はいないらしい）。四百の音節をもつ北京語を、三千以上も音節のある英語を、百とちょっとしか音節のない日本語がどうやって正確に写すことができましょうか。

第二の理由、例外はあるものの欧米の言語は音素文字ですから、一文字で子音や母音をあらわすことができます。そういった言語では、自分の言語に外来語（音）を取り込んで、原音に近い表記を実現することができなくはない。が、日本語は音節文字ですから、ことはそれほど容易ではありません。たとえば、「サ」という一文字では「s」という子音と「a」という母音が強く、かつ固く結びついており、そこから「s」、あるいは「a」だけを取り出すことはできない相談なのです。日本語を音節文字から音素文字に変える方法として、中国で行われてきた反切法（説明すると長くなりますので、今回は割愛）を利用する手もありますが、これはすこしわずらわしい。

第三の理由。仮に他の言語の音をうまく日本語表記にできたとしてもアクセントという難関をどう突破すればいいのでしょうか。たとえば四拍の外来語は原則として、二拍目が高くなります。英語では一拍目にアクセントがある〔vitamin〕。これを「ビタミン」と言ったところで英語常用人種には通じますまい。さらに外来語が日本語に溶け込むにつれて、アクセントは平板型になります。「ス・タ・ン・ド」と等拍平板になる。こうなると英語とはまた別のものです。

第四の理由。幕末期にも「外来語はできるだけ原音に近い表記で」と考えた先達たちがいました。その代表的な存在が福沢諭吉で、彼は英語のV音を教えるために「ヴ」という表記法を発明しました（『華英通語』万延元年・一八六〇年）。明治・大正・昭和前期を通して「ヴァイオリン」とか「ヴィタミン」とかいった表記が一般的でしたが、これらはみな福沢諭吉の遺産です。けれどもいまでは、この「ヴ」を使う人はいない。なぜでしょうか。日本語の音韻には、似かよった音韻を統一して、それをあらわすカナも一つにきめて簡素化して行こうとする性質がすこぶる強いのです。有名なところでは、万葉仮名で「キ、ケ、コ、ソ、ト、ノ、ヒ、ヘ、ミ、メ、モ、ヨ、ロ」と読むことのできる文字にそれぞれ甲類乙類の二群がありました。つまり甲乙二種の発音があったのですが、やがてこれらは統一されました。この原則があるかぎり、いくら「V」や「th」や「L」の音を日本語に輸入しようとしてもだめ、まもなくそれらは「B」や「S」や「R」に吸収され、統一されてしまうでしょうから。少し面倒ですが、日本語化した外来語を使いながら、その原音をできたらおぼえておいて、外国人との間では、原音の方を持ち出すという方法しかないように思います。いずれにしても、いまの大部分の日本人がもつ音韻をそのまま写す文字づかいをすることがまず大切、原音に凝るという一部の有識者の表記法は、日本語の性質に立って考えると、無駄な試みという気がいたします。

擬音語、擬態語は外国語にも多いのではないか

〔問〕

日本語には、さらさら、くるくる、どきどき、げらげらなどの擬音語・擬態語がたくさんあります。外国語にはこのような表現はないように思いますが、これはどうしてなのでしょうか。

（東京都・加納和子）

＊

質問を次のように整理してみました。①外国語に擬音語があるか。②外国語に擬態語があるか。③日本語に擬音語、擬態語が多いとしたら、それはなぜか。

さらに擬音語と擬態語との区別をはっきりさせることにします。擬音語とは「外界の音を写した言葉」です。擬態語とは

「音をたてないものを、音によって象徴的に表した言葉」です。

おもてにでてみると、まはりの山は、みんなたつたいまできたばかりのやうにうるうるもりあがつて、まつ青なそらのしたにならんでゐました。一郎は……ひとり谷川に沿つたこみちを、かみの方へのぼつて行きました。

すきとほつた風がざあつと吹くと、栗の木はばらばらと実をおとしました。

(宮沢賢治『どんぐりと山猫』)

「ざあっ」も「ばらばら」も、外界の音を写した擬音語です。ところが「うるうる」はちがいますね。山が「うるうる」という音を発しながら盛り上がって見せているわけではありません。こういうのが擬態語です。

そこでまず擬音語ですが、これが外国語にも数が多いことを私たちはよく知っています。たとえば外国のマンガ雑誌を開くとだれでも擬音語の氾濫(はんらん)に目をまわしてしまいます。デンマー

「雨がざあざあ降る」の「ざあざあ」は雨の音、したがって擬音語。「雨がしとしと降る」の「しとしと」は音よりもむしろ降る様を表す。これが擬態語(『日本語教育事典』大修館書店)。

クの言語学者イェスペルセン（一八六〇～一九四三）は、この擬音語を「エコー語」（echoword）と名付けましたが（一九二二）、みごとな命名技術だと思います。もう一つ例をあげましょう。人工語のエスペラントにも、tiktik（カチカチ、時計の音）、kvakva（ガアガア、蛙の音）などの擬音語が用意されており、こういうところからも外国人がはっきりと擬音語を意識していることがわかります。

問題は擬態語です。「日本語には圧倒的にこの擬態語が多い」というのが定説になっていますが、筆者は（不遜にも）この定説を半分ぐらい疑っています。たとえば英語、なんらかの激しい動きを含む動詞がみんなみごとに——ashという音を持っているのはなぜでしょう（clash, crash, dash, flash……）。またsli——ではじまる言葉が、意味になめらかさを隠しているのはなぜでしょう（slide, slip, slime, slither……）。ほかにも、gl——（連続的な光。glance, glare, graze……）、str——（細長い形。straight, street, stream……）など、たくさんあります。——ash, sli——, gl——, str——……、みんな、音によってある意味を象徴的に表そうとしたのではないでしょうか。とすると英語にも擬態語が多いのではないか。日本語の擬態語は、二拍の語根を重ねるものが多く（こそこそ、ぴかぴか、きらきら）、形態的にはっきりしているから目につきやすい。しかし、たとえば英語では、それが形態的に顕著ではない。そこでなかなか気づきにくい。「びっくりした」のビックリは擬態語です。けれども大部分の日本人は、これを擬態語と意識していない。これと似た事情が外国語にもあって、擬態語であることが隠れてしまっているのではないか。——以上、あくまでも私家版風の座興的私説です。とはいっても、筆者は、日本語には擬態語が多いという定説を半分ぐらいは信じているのですから、「では、それはなぜか」という理由に半分ぐらい答えなければなりません。なによりも日本語の基本動詞は、よく言えば「大らか」悪く言うと「大まか」。当然、よりくわしく、より肌理（きめ）こまかく表現するには、擬音語・擬態語のような副詞に活躍してもらわなくてはなりません。そこで擬音語・擬態語が豊富になった。例を掲げて説明すればよいのですが、残念ながら紙幅がなくなってしまいました。

ノデアル文が幅をきかせる世の中

〔問〕

「〜ノデアル」がなくても文が成り立つと思うのに、「〜ノデアル」文がずいぶん幅をきかせています。これは英語の強調構文に似ていますが、この「〜ノデアル」の沿革と機能を説明していただきたいノデアル。

（東京都・三浦登代美）

＊

まず「〜ノデアル」を、「の」と「である」に分けましょう。

この「の」は、

〈格助詞「の」から派生した準体助詞〉

というのが文法上の常識です。学校文法の基礎をつくったとされる橋本進吉（一八八二〜一九四五）が設けた助詞の一種で、彼の定義はこうです。

〈他の語に付いて、ある意味を加え、全体として体言と同じ職能をもつ単位をつくるもの〉

平べったくいうと、他の語に付いて、「のもの」とか「もの」とか「こと」とかいった意味を加えながらそっくり体言化してしまう。手近の「朝日新聞」の社説（一九八九年十月十八日付）を例にあおぐと、

《……途中で、助手席に子供がいるのが目撃された。容疑者は追い詰められたあげく殺害した公算が大きい。捜査側の対応次第では、悲しい結末を迎えなくても済んだのである。》（「警察のどこに問題があるのか」）

日頃、わたしたちは「赤いのがいい」「きみのはこれだよ」「今年、おもしろかったのはパ・リーグだ」などといっていますが、傍線を引いたのは、みんな準体助詞です。

次に「である」。ご存知のようにこれは、断定の助動詞「だ」の連用形「で」に、補助動詞「ある」の付いた連語ですが、

「である」の沿革を、例文を示しつつ説明すると優に一冊の本になってしまうでしょうから、駆け足ですませますと、この便利重宝な表現を復活させたのは蘭学者や英学者たちでした。たとえば This is a pen. という英文がある。is という be 動詞には、存在の意味と、繋辞（その命題の主辞と賓辞とを結び、肯定あるいは否定を表す語）としての意味がありますが、日本語には、後者の繋辞に当たる文法的単位がありません。そこで be 動詞に「存在＝ある」を当て、「これは・ペン・ある」と訳文をつくった。しかしこれではなんとなくおかしいので、「ある」の前に、断定の助動詞「だ」の連用形「で」をつけて「である」とした。諸説を按配してざっと素描すれば、以上の如くになります。

ちなみに江戸時代に東日本では断定の助動詞「だ」が成立していました（関西方言では「や」、九州などの西部方言では「ぢゃ」）。じつはここで中古語の「たり」や上代に栄えた「なり」までさかのぼる必要があるのですが、残念ながら紙幅がありません。

とにかく蘭学者や英学者たちが翻訳という大事業を通して、「である」を歴史の中から掘り返し、繋辞に仕立てなおしてくれました。このことだけでも彼等の仕事は称(たた)えられるべきです。

さて、ここで「〜ノデアル」と「〜デアル」をくらべてみます。

①これはペンなのである。
②これはペンである。

どちらもいまここにあるものはペンだと断定していますが、意味は大きくちがいます。②は事実をそのまま述べていますが、①には押し付けがましいところがある。すなわち準体助詞「の」のはたらきで、「これがペンだということ」、それはだれがなんといおうとたしかなのだという強引さが感じられます。もっというと、「これがペンだということ」それが私の意見だが、文句があるかね、と凄(すご)んでいるようにさえ思われる。そこで愚見によれば、

「……ノデアル」は意見

井上さんのしり馬に乗って少しつけたすと、ペンなノデアルのなは指定の助動詞の一部です。ですから、そこで一度「ペンデアル」という判断が下されています。その先にまたノデアル＝コトデアルが加わりますから、「ペンデアルコトデアル」となる。つまり

「……デアル」は事実ということになります。ちかごろ「……ノデアル」の口語版「……ノダ」が全盛です。とくに若者向けの雑誌の記事の文末は、のだ、のだ、のだの連打です。次から次へと意見を押しつけられているような気がして、息苦しくてかないません。その点では、三浦さんの意見に同調いたします。

「お前さんは知らないかもしれないが、これはペンデアルンダゾ」が「ペンナノデアル」の意味です。ですから、おしつけがましいわけですね。（大野）

形容動詞が継子（ままこ）扱いされる理由は

〔問〕

日本語の単語は十の品詞に分類されますが、その中で、なぜか形容動詞だけは継子扱いをされています。国語辞典では、終止形で引くと出てきませんし、なかにはわざわざ「形容動詞は、品詞としては認めないこととした」（『新潮国語辞典』初版）と書いているものさえあります。いったいなぜ、形容動詞だけがこのように冷遇されなければならないのでしょうか。

（東京都・河崎一郎）

＊

単語を分類しようという考え方は日本にも古くからあって、『万葉集』や「宣命（せんみょう）」（国文体で書かれた天皇のみことのり。漢文体のものは「詔勅」）などには、助詞や活用語の語尾が一字一音の万葉仮名で小さく書き分けられています。日本語が漢文とぶつかることで意識の火花が散ったのでしょうね。漢文になくて日本語にあるもの、それは「辞」（助詞、助動詞などの付属語）あるいは「てにをは」だと、はっきり意識されたわけです。

これ以来、辞と、これに対する「詞」（自立語）という二大枠組みで日本語の単語を分類するようになり、そして江戸時代も後半になると、たとえば鈴木朖（一七六四～一八三七）という学者が、

「詞は物事を指し表すが、辞は指すところなく詞についた心の声であり、詞は辞なしには働かず、辞は詞なしではつくところがない」

といった説明をするまでになっていました。「辞は心の声」とは、じつにうまい言い方で、思わず唸ってしまいます。で、こうしたところへ西洋文典がどしどし持ち込まれ、いっそうくわしく単語の分類がおこなわれました。そのなかで、文節構成

の仕方、活用の有無、語の切れ続きなど形態を基準にして分類をおこなった学者がいました。東大の橋本進吉です。彼の文法論は形態中心であるために初心者にもわかりやすく、それに穏やかな考え方でもあったので、学校文法として採用されました。十品詞は、いわば橋本文法の所産。むろんその十品詞の中に形容動詞も含まれていました。

　ところが、ここに「形容動詞を品詞として認めない」と言い出した学者があります。同じ東大の時枝誠記（一九〇〇〜六七）です。「形容動詞といわれているものは、正確には、体言＋助動詞である」というのです。もうすこし時枝説に耳を傾けてみましょう。

　形容動詞は、口語では「大胆だ」「健康だ」のように言い切りの形が「だ」でおわります。語幹は「大胆」「健康」です。そこで時枝文法は、大胆も健康も一般人の言語感覚では体言である。その体言に断定の助動詞「だ」が付いたのである、と主張します。

「我々はいつも形容詞の飢饉を感じている」（柳田国男『国語の将来』）

　また、「歴史的にみると、形容詞は早く発達したが、早く成長がさらに「大胆だ」を形容動詞として一語と見なすと、その敬語表現である「大胆です」も一語だということになり、不都合千万ではないか。もし「です」を助動詞として分離するならば、「だ」も助動詞として分離し、「大胆」を一語として扱わねばならぬ。――なるほど、もっともな説であります。こうして、たいていの辞典に《語幹を名詞の一種とし、語尾を断定の助動詞として、この品詞を立てない考え方もある。》（講談社カラー版『日本語大辞典』）と注記されるような状態がつづいているわけです。

しかし、形容動詞はやはりあった方がいいのではないでしょうか。いくつも理由はあるけれど、なによりも、状態や感情を表すコトバを外国語から拝借するとき、「ドラマチックだ」「シックだ」「トレンディだ」のように、形容動詞の形をとるのが一般的だからです。過去の例を見ても、「鋭（するど）なり→鋭い」「暖かなり→暖かい」「細かなり→細かい」という具合に、形容動詞が形容詞へと転じる例が多いようですし、どうも形容動詞とい

止り、現代語では新しく作られることは非常に少ない」（『日本語教育事典』大修館書店）という指摘もある。

現代語では、

〔指定〕学校ナラ・学校デ・学校ダ・学校ダロウ

〔形容動詞〕健康ナラ・健康デ・健康ダ・健康ダロウ

と並べると全く同じように見えます。

しかし形容動詞の場合は「健康ナ」という連体形があります。これが指定の助動詞の場合にはない。そこでやはり形容動詞と認める

う枠が、形容詞飢饉（柳田国男）の日本語を救ってくれているような気がいたします。

より仕方がないらしい。しかし辞書に別項として立てるのは、重複になるので立てないのでしょう。それに古典語ならば「学校なる」「健康なる」という連体形はどちらにもあります。（大野）

大地震をなぜオオジシンと読むか

〔問〕

サンフランシスコ地震のさい、テレビのアナウンサーが、大地震を〔オオジシン〕といっていました。注意して聞いていると、その後のテレビ報道でもすべて〔オオジシン〕で統一されていました。大地震は〔ダイジシン〕と読むものと思っていたので、なんだか落ち着きません。オオとダイ、どちらが正しいのでしょうか。

（愛知県・渡辺幸久）

＊

大地震の「大」を、〔ダイ〕と音読みをせずに〔オオ〕と訓読みすること、これになんとなく「はてな、おかしいな。なんだかピンとこないな」と感じられた方は、ほかにも大勢おいでになったのではないでしょうか。じつをいうと、わたしもそのうちの一人でした。

たとえば、辞書をめくってみると、大企業、大庭園、大豊作、大先輩、大洪水、大人物、大試合、大部分、大暴落、大好物、大失敗、大成功、大日本、大英帝国など、漢語の上に付くときは、接頭語「大」は、〔ダイ〕と音読みされています。

そこで今度は〔オオ〕と訓読みされているものを見ますと、大急ぎ、大みそか、大ざっぱ、大仕掛け、大男、大広間、おおまか、大雪、大雨など、下に付くものは和語がほとんど。なかには「大御所」のように〔オオ＋漢語〕という例外もありますが、まず、「大」は和語の上では〔オオ〕と訓読みになっている。こうしてわたしたちの頭のどこかに、

《「大」という接頭語は、漢語の上では〔ダイ〕、和語の上では〔オオ〕と読む。》

という原則が貯(たくわ)えられ、その原則があるために〔オオジシン〕という読み方に抵抗を感じているらしいのです。「例外が

多すぎて、そんなものを原則と認めるわけにはまいらぬ」とおっしゃる学者も多いようですが、こっちは素人(しろうと)の強み、あるいは図々(ずうずう)しさから、この原則はなかなか頼りになると思っていますし、学者の中には、次のように喝破した山田孝雄(よしお)（一八七三〜一九五八）というような大学者もいます。

「……大根のことを古くは『おおね』と云っていた。この『おおね』を、やがて大根と漢字で表記し、さらにそれを音読して〔ダイコン〕と呼ぶようになった」

山田孝雄は、昭和十五（一九四〇）年に、この、《和語を漢字で表記し、その漢字表記をこんどは音読し、そのまま現在も行われている》例を六十語ほど発表しました。たとえば「火事」。昔はこれを「火のこと」と云(い)っていた。この「火のこと」に火事という漢字表記を与えたが、やがて火事の音読みである〔カジ〕だけがのこり、〔ヒノコト〕のほうは忘れられてしまった。これと同じように、和語の〔オオネ〕が漢字で表記されて、やがて〔ダイコン〕に変わったのです。これをわたし流に強引に原則化しますと、《和語の〔オオ〕に「大」という字を当てはめて漢字表記した以上、「大」は〔ダイ〕、あるいは〔タイ〕と読まれるべきである》となり、やはり大地震は〔ダイジシン〕と読んだほうがよさそうに思われます。それに、安政大地震、関東大震災など、災害に「大」を付ける場合、みな〔ダイ〕と音読みしているのですから、ますます〔オオジシン〕という読み方には違和感を抱かざるを得ません。

ただし、〔ダイジシン〕と読むと、あまりにもすべてが極まりすぎて、死者数千人といった感じがする。それでは正確さを欠くし、なにより「おもしろがっているようで」サンフランシスコ市民に申し訳がない。そこで、〔ダイ〕よりは語感が柔らかな和語系の〔オオ〕にした。テレビ局の用語委員の心中を善意に、そして勝手にこう推し測って、わたしはむりやり〔オオジシン〕という訓読みを、どうやらこうやら受け容れたのでした。

「大地震」はダイヂシン、オホヂシン、二通りあるのぢやないでせうか。正解が一つしかないと考へないほうがいいと思ひます。

「大新聞」は明治前期の政論中心の新聞（たとへば東京日日、郵便報知など）はオホシンブンですが、現在の発行部数の多い、全国紙（たとへば朝日、読売など）はダイシンブンでせう。もつとも、これは「大地震」の場合とはちよつと違ふ。

（丸谷才一）

「自民党さん」という「朧化（ろうか）」表現

〔問〕組織名に「さん」を付けて呼ぶことが多くなりました。私の職場の会議などでも、「総務課さん」「健康課さん」と言ったり、他の市役所を「千葉市さん」「横浜市さん」と呼んだりしています。時代によって言葉が変化することは否定しません。しかし、この言い方は文法上、誤っているだけではなく、「対立を回避し、すべてを穏便にすませようという時代風潮のあらわれ」と考え、私は嫌っています。いかがでしょうか。

（栃木県・高橋一郎）

＊

「さん」ぐらいで驚いてはいけません、このあいだ、銀座の、混雑した喫茶店で、「おコーヒー様はどちらでしょうか」という声を耳にしました。どの客がなにを注文したのかわからなくなった給仕さんが、思わずそう発したのです。

国語学者のみなさんがしきりに指摘される〈家庭や学校では敬語が簡略化あるいはゼロ化する傾向がつよく、反面、外では複雑化しつつある〉という流れが、組織名や企業名はもとより、五百円のコーヒーにまで、敬称や尊称を付けさせているのかもしれません。つまり、今は商業敬語が全盛なのです。デパート、銀行、レストラン、そしてハンバーガーショップ、どこへ行っても、むやみに、もったいぶった敬語の大洪水です。『ビジネスマンのための日本語ハンドブック』（ＰＨＰ研究所）という長い題名の本を買い求めたところ、その中にもこう書いてありました。

《第三者に対して他社の名前を出すときは「さん」をつけるのが普通です。／「それは△△工業さんの製品です」》

また、これまで「自民党が」「社会党が」と云うのが常であった両党の政治家たちが、近ごろは、たがいに「自民党さんは」「社会党さんは」と呼び合うことが多くなりました。世の中、とげとげしくなくなって、同慶の至り。——とよろこんでいいかと云うと、ご指摘のとおり、なんとなく白々しく寒々しい感じがいたします。

敬語は、直叙を避ける意識から生まれます。伝達したいことがらをそのまま表現せずに、別の語やちがう文体を用いて「朧化」してしまう。べつに云うと、露骨はいやだよ、はっきり云っては失礼だよ、という気持ちが敬語を使わせる。その善悪はどうでもよろしいし、そんなことをいまさら問うのは野暮の骨頂ですが、とにかくわたしたちには、できるだけ非直接的な表現をしようとする傾きがあるようです。「あなた」は、もともと此方の対、「(隔てるものがあって手のとどかない)向うの方」(『岩波古語辞典』)を意味する遠称の代名詞ですが、それを目の前にいる目上を呼ぶのに使ってしまうのですから、たいへんな婉曲表現だと感心してしまいます。たしかに敬語は朧化の芸術です。

しかしその敬語も、尊敬や謙譲さや丁寧さをあらわしているうちはいいのですが、度がすぎると、よそよそしくなり、やがて敬遠の意味を持ちはじめます。過剰な敬語を防壁にして、相手を敬遠する。交際にどっさり敬語を持ち込んで、相手との関係に熱が生まれないようにする。相手とつきあう必要はあるが、あまり深間の仲にはなりたくない。「さん」は、敬称としてはささやかではありますが、この「あまり深くつきあいたくない」という今の世の中をよく象徴していると思います。「さん」は二十世紀末の人びとの薄い鎧なのかもしれません。

こうした敬遠語のほかにも、「——みたい」「——とか」「——の部分」「——の周辺」といった朧化語（?）がさかんに使われています。おっしゃるように、ものごとをハッキリさせることをなるべく避けようという、そういう時代に、わたしたちは生きているのかもしれません。これまた事の良し悪しは別ですが。

なお、組織名に「さん」が付いても、文法上は、なんの問題もないと考えますが、いかがでしょうか。体言に付いているかぎり、表立った咎(とが)め立てはできないと思います。

「われ」「自分」がなぜ二人称?!

〔問〕

関西では、話し手（自称）が聞き手（対称）のことを「自分」といっている光景によくぶつかります。一人称が二人称に転用されているわけです。このような傾向は「おのれ」「われ」「てめえ」などの例からも日本語ではよくあることのように思いますが、これは二人称に適当なものが少ないせいでしょうか。あるいは日本人のものの考え方に原因があるのでしょうか。

（京都府・木原隆三）

＊

日本語の人称代名詞の数の多さは有名です。戦後まもなく、漢字や振り仮名（ルビ）や囲炉裏（いろり）や和服など、日本人の持っているものは全部つまらなくて悪いものだとされていたころ、こんな発言をする人さえおりました。

「代名詞はたくさんある名詞の代理をするのが役目だから、種類が少なければ少ないほどいい。できれば一つが理想的である。たとえば英語の一人称単数はＩが一つだが、日本語では、わたくし、わたし、あたし、わし、われ、おれ、てまえ、自分……と、やたらに多くあって非能率である。これでは戦に負けるのも当然だ」

そのときは、へえ、そんなものかなと少しばかり感心しましたが、成人するにつれて、そんな簡単なものじゃないということがわかってきました。日本語には（というより日本人の生活には、というべきでしょうが）、待遇表現という大きな網がかかっていることに気付いたからです。使用者のちがい、相手のちがい、職業や性別や年齢のちがいによって、こまかく用法が変わってきます。

たとえば相手が目上なら、「おれ」は使えません。中小企業の社長が従業員に向かって「わたくし」を使ったらなんだか変ですし、逆に従業員が社長の前で「わしゃあな……」と云ったら、それも変。こういう会社がもしあれば、相当にアブナイ会社です。男性が「あたし」を使うと相手はギョッとしますし、大企業の社長が「てまえども」とも云わない。それから「対者」である父や兄に向かって、その子やその弟が「あなた」と呼ぶことはありません。「お父さん」「お兄さん」と呼ぶ。社長や先生に対しても人称代名詞は使わない。「社長」「先生」といった役職名で呼ぶ（鈴木孝夫）。「おれおまえの仲」という言い方もあるように、たがいに人称代名詞が使えるのは、自分と同じレベルにある者同士にかぎられます。したがって、「見知らぬ人に呼びかける時、相手と自分との関係がわかっていないため、日本人は、非常にとまどいを覚える」（仁田義雄）ということになります。

このようにわたしたちは日常の発語行為に気を使います。とりわけ対者には細心の注意を払う。そうして、できれば対者とめます。もう世界は、一体になった自者と対者だけのもの、他者（三人称）の世界はほとんど消え失せてしまう。ちょっと大袈裟かもしれませんが、こういう傾きが、わたしたちにはあるのではないでしょうか。日本語の人称代名詞に三人称が少なく、「彼」と「彼女」にしても使われはじめたのは大正のころという事実が、そんなことを考えさせたのですが、いかがでしょうか。自者と対者とが一体になれば、人称代名詞も自者と対者との境界を容易に越境するだろうと思います。

ところで、この「自分」ですが、江戸期にはすでに二人称代名詞として使われています。たとえば寛政五（一七九三）年に出版された『消息往来』という、いまでいえば「手紙の書き方」といった本に、目上には、尊前、貴公、御手前様を、目下には、貴様、御自分、其元、貴殿を使うがよい、と書いてあります。もっといえば「自分に『御』がつくかどうかで二人称と一人称とに使い分けられて」（遠藤好英）いたようです。それがいつしか「御」もとれて、質問のような光景がそこかしこに存在している、と思われます。

異字同訓は制限・禁止でなく目安

〔問〕

小学二年の息子の教科書を見て驚きました。「判る」も「解る」もみんな「分かる」と書くのですね。昭和二十一年生まれの私は、「判る」も「解る」も「分かる」と書くと教わった憶えがないのです。いつからこうなったのでしょう。また、学校の試験では、「分かる」を「判る」と書くと、常用漢字表で認められていないから「×」になるとのことですが、常用漢字ってそんなに偉いんですか。

（埼玉県・長野由美）

＊

異なる漢字に同じ訓が与えられている現象を「異字同訓」といいますが、この異字同訓は、「わかる」のほかにも山ほどあります。

はかる（計る・量る・測る・図る・謀る・諮る……）

さめる（冷める・覚める・醒める・褪める……）

よい（善い・良い・可い・佳い・吉い・好い・美い……）

おもう（思う・想う・懐う・憶う・念う……）

など、本当にもう際限がありません。オーストラリア国立大学日本語科にいたころ、大勢の学生たちがここでつまずいてしまうのを見ました。

「同じ訓みにどうしてこんなにいろんな漢字があるのですか」

国中から集まった秀才たちが、そう悲鳴をあげていました。もっとも彼等は猛勉強という正攻法ですぐにこの難関を乗り越えましたが。

さて、日本語の表記が漢字の借用に始まったことはどなたもよく知っておいでだろうと思います。その際、たとえば「なく」という日本語が、中国語では複数の語「泣・鳴・啼・哭」などに分かれていることを発見、それをそっくり借用しました。

中国語における意味分化に教えられて、「涙を流して泣く」「鳥が鳴く」「鳥獣人間が声を出してつづけて啼く」「死者をとむらって大声をあげて哭く」などと使い分けるようになったのです。そして使い分けているうちに、その意味分化は日本人の血肉となりました。たしかに、ある語を意味や用法によって書き分けることは、漢字の使い方を複雑で煩わしいものにしたのは事実でしょう。がしかしこの書き分けは日本語をずいぶん豊かにしたのではなかったか。日本語は視覚型の言語ですが、異字同訓はその視覚性を支える大事な柱の一本だろうと思います。

筆者も書き分けにこだわる方の口で、甲か乙かどちらであるか知れるというようなときは、どうしても「分かる」は使えません。仕切りをつける、わきまえるという意味なら「分かる」を使いますが、たとえば裁判の結果（無罪か、有罪か）がはっきりしたときなどは「判る」と書いてしまいます。「判」は、刀をもって半分に、二つに分けるという意味の会意＋形声文字だと記憶させられたので、どうしてもそう使い分けてしまいます。さらに「解」は、刀で牛の角をとき放すこと、ばらばらにしてしまうという意味の会意文字だと教えられて来たので、こんぐらかっていた問題が突然ばらばらになって答えが見つかったときは、自然に「解る」と書いています。

常用漢字表の音訓欄には、「判＝ハン、バン」「解＝カイ、ゲ、とく、とかす、とける」としか掲げられていないので、「判る」や「解る」を「わかる」と読み、読ませるのは、あるいは不適切かもしれません。がしかし昭和五十六年の「常用漢字表前文」にも、

《異字同訓はなるべく避けるが、漢字の使い分けのできるもの及び漢字で書く習慣の強いものは取り上げる》

とあって、「これは制限や禁止ではなくて、あくまでも一つの目安ですよ」と言ってくれています。個人的運用では使い分けてかまわないのではないでしょうか。ただし教室の先生方がそこまで思い切るのはむずかしい。というのは、常用漢字表の

音訓欄で引っかけてやろうという意地の悪い入試問題が少なくないからです。

前提が整って生きる語尾「らしい」

〔問〕

「ほんとらしい」(不確実)、「彼らしい行動」(ふさわしい)、「馬鹿らしい」(馬鹿馬鹿しい場合の表現)、「可愛らしい」(つまり可愛いこと)——という風に「らしい」はいろいろに使われて、さっぱりわけがわかりません。「らしい」の由来や使い方について教えてください。

(東京都・國枝進)

＊

助動詞の「らしい」、そして接尾辞の「らしい」、この二つに分けて考えると、わかりやすいと思います。

助動詞の「らしい」は、そう判断することができるだけの根拠や理由があって、その上で推し量って言うときに使われます。

つまり、推量、推定の助動詞なのですね。漱石の『坊っちゃん』から例を引くと、

> うちへ帰って、あいつ（赤シャツ）の申し条を考えて見ると一応尤ものようでもある。判然とした事はいわないから、見当がつきかねるが、何でも山嵐がよくない奴だから用心しろというのらしい。

赤シャツの言ったことが根拠になって、坊っちゃんは山嵐はよくないやつだと推定、翌日、彼は先に奢ってもらった氷水の代金一銭五厘を山嵐の机の上に叩きつけることになります。

どんな活用語の、どんな活用形につくのか、「らしい」そのものがどう活用するのか、そういったようなことは、おたがい文法が苦手のようですから避けて、助動詞の「らしい」は、なにかを根拠に推し量るときに使う、〈学校に出てきたところをみると、彼の病気はたいしたことがないらしい〉〈どこかへ出

かけたらしく、部屋に灯りがついていない〉という具合に使う、とひとまず決めつけておいて、先へ進みます。

接尾語の「らしい」は、名詞などに直結して形容詞をつくります。日本語には形容詞が不足している（柳田国男）ので、名詞に「らしい」をくっつけ、形容詞を大量製造しているらしい。——あ、今の「らしい」は助動詞でした。

推定ということをやや悪用して、断定してもいいことを遠回しに、婉曲（えんきょく）に言うときにもこれを使い、責任を回避しようとする。そういうときに重宝な助動詞です。さて接尾辞に話を戻して、ふたたび『坊っちゃん』からの引用、

そうなると一銭五厘の出入（でいり）で控所（ひかえじょ）全体を驚かした議論の相手の山嵐の方がはるかに人間らしい。

このように、接尾語の「らしい」は、そう呼ばれるにふさわしい諸条件をそなえている、という意味をそえます。山嵐の方

接尾語の「らしい」には、さらに接尾語がついて、「らしさ」「らしげ」となったりもする。

別の考え方をすると、こんなこともいえるかもしれませんね。

1、自慢たらたら、不平たらたら、思案たらたらなど、タラタラという言葉があり、くりかえし、くどくどと考えたり言ったりすることを嫌悪（けんお）する気持ちで使うことがあります。

2、一方「憎体」「憎体

が他の教員たちよりもはるかに人間としての特質をたくさん持っている、人間だという気持ちを起こさせる、だから人間らしい、というわけです。ちなみに接尾辞の「らしい」は名詞のほかに形容詞や形容動詞の語幹、それから副詞にも取り付いて、次々に形容詞をつくり出していきます。

ところで、そう呼ばれるにふさわしい諸条件をそなえすぎて、もうイヤらしいぐらいだとなったときに、「らしい」の前に「た」が入ることがあります。「自慢らしい」も度がすぎると「自慢たらしい」となる。

この「らしい」は江戸期には体言につくのが普通でした。接尾辞として活躍していたわけです。それが明治に入ると活用語にも付くようになりました。助動詞としてもはたらきはじめた。そして明治後期から大正期にかけて活用語下接がしっかりと定着します。たぶんこの「らしい」は、中古まで使われた文語の「らし」と関係があるのではないかとにらんで『日本国語大辞典』（小学館）に相談したところ、「文語の『らし』とは直接の

面」「憎体口」「憎体らしい」「憎ていらしい」「にくてらしい」があり、ここから「にくたらしい」が生じたようにもみえます。

3、こうしたタラタラとテイラシイ、テラシイとの混戦によって、「長たらしい」「自慢たらしい」「嫌味たらしい」「馬鹿たらしい」「むごたらしい」などが作られて来たということも考えられます。

4、ムゴタラシイなども、仕業が継続的で残忍残酷なときに使うようで、これは1

関係が跡づけられない」らしい。この「らしい」は、つまり責任回避の「らしい」らしい。

と関係があるのかも。（大野）

気にするな略語ばやりは時の流れ

〔問〕

近ごろ、略したものの言い方をたくさん耳にします。クラス・コンパのことを「クラコン」、一般教養を「般教（ぱんきょう）」など、例をあげればきりがありません。友人たちは平気でこうした略語を使っていますが、私は音感としていま一つなじむことができません。私が神経質すぎるのでしょうか。（東京都・尾股泰行）

＊

反射的に『週刊朝日』'90年7月6日号の「週刊図書館」の丸谷才一さんの書評を思い浮かべてしまいました。《東京の娘たちと若者たちは、クンデラの『存在の耐えられない軽さ』（集英社ギャラリー「世界の文学」12所収）のことをソン

これで思ひ出したことがあります。以前、ある文藝評論家が、夏目漱石の『吾輩は猫である』を『猫』と呼ぶ

カルと呼ぶ。恐ろしい省略法だ。しかしこれはあの亡命作家の長篇小説が、映画のせいもあるにせよ、愛読されていることの証拠だろう。しょっちゅう言及されるから、長い題のままでは困るのだ》

もうこれで答えはおおかた出たようなものです。ことばには、頻用されるものほど短くなる傾向があるのです。なにかというとクラス・コンパ、そこで分かりやすく、また発音しやすいようにクラコンとなったものにちがいない。般教にしてもきっと事情は同じでしょう。

わが国最大の国語辞典『日本国語大辞典』（初版全二十巻・小学館）には四十五万の語句が載っていますが、その中で最長の語はたぶん（正確を期すには四、五年かかりそうなのでざっと見ただけです）次の二十音節語だろうとおもいます。

〈りゅうぐうのおとひめのもとゆいのきりはずし（龍宮乙姫元結切外）〉

なんでも甘藻（あまも）の異名らしい。この長大な語を使うことは、普

のはいけない。漱石は『猫』なんて小説は書かなかつた、と力説したことがありました。しかし漱石だつて、忙しいときは、いちいち「『吾輩は猫である』の印税はどうなつてゐるのかね？」などと長つたらしく言ふのは面倒くさかつたのぢやないか。　（丸谷）

通人には一生に一度もないでしょう。だから長ったらしいまま放っておかれる。しかしこれが主食にでもなったら大変（アメリカ・インディアンの中には、このりゅうぐうのおとひめのもとゆいのきりはずしの若芽や葉の基部を野菜のように食べる部族があるそうです）、いちいち、

「りゅうぐうのおとひめのもとゆいのきりはずしを五キロください」

などと言わなくてはなりません。舌を嚙む人が続出するでしょうし、だいたいまどろこしくて日が暮れる。さっそく「きりはずし」か、そうでなければ「あまも」と呼ばれることになるでしょう。

新左翼に「マルクス主義学生同盟中核派」というグループがありますが、これを全部、発語していると、警官に捕まったり、革マル派に殴られたりしかねませんから「中核派」と略して言うようになった、のではないかとおもいます。もちろん警官は警察官の、革マル派はマルクス主義学生同盟革命的マルクス主

義派の略語です。
　ほんとうにもう世の中は略語だらけで、学生さんに縁のありそうなものをあげても、
（アル）バイト、コネ（クション）、テツ（ヤ）マ（ージャ）ン、ダン（ゼン）トツ（プ）、インテリ（ゲンチャ）、アル（コール）中（毒症）、
　それこそきりがありません。ですから神経質になってはいけません。
　それにあなたがたを迎え入れようとしている企業も、いま次々に社名を略語化（?）しています。今年になってからだけでも、
　ニチロ（旧社名・日魯漁業）、オムロン（立石電機）、兼松（兼松江商）、きんでん（近畿電気工事）、サクラダ（桜田機械工業）、メルクス（明治製革）、シーコム（日新汽船）
など、ものすごい勢いでふえています。この流行と逆流しているのは「太陽神戸三井銀行」ぐらいなものです。しかしこの

社名の命はそう長くはないとおもう。断言してもよろしいが、そのうちもう一度、社名を変更することになるでしょう。世の中の回転が速くなっています。こんな長ったらしい社名じゃやって行けません。

最後に、略語の大半が四音節なのは、それが日本語の音としてはもっとも安定するせいです。

あて字は「見る言語」のエネルギー

〔問〕

一般紙のスポーツ面の見出しに「あて字」が溢(あふ)れています。あて字はどこまで許されるでしょうか。

（東京都・宮沢徹）

＊

たとえばドラゴンズの立浪(たつなみ)選手がサヨナラ安打を放つとスポーツ芸能紙は見出しにさっそく、

「立浪サヨナラ打ァー」（「報知」七月二十三日付）

と掲げます。「サヨナラだァー」をあて字で表現しているわけですが、スポーツ芸能紙や一般紙のスポーツ面には、おっしゃるように、この手のあて字が溢れかえっております。私もこの種類の漢字の使い方が気になって、その都度(つど)（じつはこれもあて字）メモ帖(ちょう)に書きとめていますが、突飛(とっぴ)で頓狂(とんきょう)なものが矢(や)鱈(たら)（三つともあて字）にあります。

開幕戦村田　腕マンショーだ11奪三振（4・9報知）

野茂また怪投　12奪三振KO（4・19日刊スポーツ）

勇者13点　三連勝で奪首（4・20報知）

巨人爆勝（4・21日刊）

近鉄投倒8連敗（4・21神奈川新聞）

話はここから少しこみ入ってきますが、日本語を漢字で表記しようとする場合、その日本語、たとえばそれが「やま」としますと、その「やま」に相当する漢字「山」を対応させて「やま＝山」と固定させます。このとき、同時に「山」が持っていた音(おん)（漢音サン、呉音セン）も輸入してしまいます。

ところが日本語のすべての単語が、対応する漢字を見つけることができるとはかぎりません。単語の中には右の方法では漢字表記のできないものも出てきます。それでも漢字で表記しようとすれば、方法は二つしかない。第一の方法は、漢字の原則にのっとってこっちで勝手に新字をつくること。「働く」「俤(おもかげ)」「峠」「凪(なぎ)」「畠(はたけ)」「込む」「辷る(すべる)」「辻(つじ)」「躾(しつけ)」「枠」「腺(せん)」「粁(キロメートル)」などがこれで、「国字(こくじ)」といいます。

第二の方法は、すでにある漢字の字音や和訓を借用して、適当に漢字表記をしてしまうこと。「うらやましい」をなんとか漢字で書きたい。ではあちこちの漢字の音訓を拝借して「浦山敷い」と書くことにする。外来語や外国語も漢字で表記したい。では漢字の音訓を借りて、コーヒーは「珈琲」にしよう。ビールは漢字を見て意味がわかるように「麦酒」と書こう。――この方法があて字です。

あて字は、このように日本語の単語を漢字で表記するための苦肉の策ですから、大昔からありました。「こい（恋）」を「孤(こ)悲(ひ)」（『万葉集』）、「胡桃(くるみ)一籠(こ)」を「胡桃一古」（平城京木簡）、「釈(しゃ)迦(か)の御跡(みあと)」を「舎加乃美阿跡」（仏足石歌）など、例をあげれば際限(きり)がない。近世の歌舞伎(かぶき)狂言の名題などは、スポーツ芸能紙顔負けのあて字大会、あて字の大氾濫(だいはんらん)。

「艶容女舞衣（はですがたおんなまいぎぬ）」
「於染久松色読販（おそめひさまつうきなのよみうり）」
「杜若艶色紫（かきつばたいろもえどぞめ）」

仮名表記とは段違いの意味喚起力や視覚的表出力がありますね。あて字は日本語を「見る言語」として完成させた有力な助（すけ）ッ人（と）なのです。

残念なことに戦後は「あて字は、仮名書きにする」（昭和二十一年十一月の内閣告示）という方針の下、これを廃する方向に進んでいます。しかしやはり日本語の本質は（少なくとも漢字を使用するかぎり）「見る言語」というところにもあるわけで、そのエネルギーがスポーツ欄の見出しに噴き出している。スポーツ関係の記事だけではなく社会面にも「痛勤電車」や「共痛一次」といった懸（か）けことば式あて字がよく出てきます。街を行けば店の名前の多くが、この懸けことば式あて字（喫茶店「炉談（ロダン）」、居酒屋「村さ来」、食堂「多良福（たらふく）」などなど）。

そういうわけで私は、あて字は一種の民間文芸のようなもの、いくらでも許されていいと呑気(のんき)に構えています。この呑気もあて字で、まったくあて字と縁を切るのは容易ではありません。

目線は視線よりも人工的で計画的

〔問〕

「あの人と目線が合った」「ふと部屋の隅に目線をやると……」など、このごろ目線という言葉をよく耳にします。辞典には「演劇、テレビ関係の用語で、視線のこと」とありましたが、演劇、テレビなどの世界では、どんな場合に「視線」ではなく「目線」を使うのでしょうか。

（静岡県・富田豊作）

＊

「俳優はその修業時間のほとんどすべてを、目の表現力を磨き上げることに注ぐべきである」と言ったのはモスクワ芸術座の創立者のダンチェンコ（一八五八～一九四三）でした。また、先年、亡(な)くなられた俳優の小沢栄太郎さんは「扮装(ふんそう)について」と題するエッセイで、「眼ばりは大事な仕事です」と強調しています。なぜなら「眼は表情を作り出します。眼ばりのない眼は、かがやきがなく、形も小さく見えます。舞台から客席に、眼の表情を判らせるために、眼ばりで、はっきりした眼のリンカクを与えることが必要になってくる」からです。二人とも、いわゆる新劇の神様のような存在、「目は口よりも表現力がある、そしてそれが演劇というものだ」という二人の意見は充分に信じてよいと思われます。

　新劇ばかりではなく、歌舞伎でも目の使い方は重要だとされ、たとえば六代目尾上菊五郎はこんなことを言っています。「月を見る目、花を見る目、鳥を見る目、広く見る目、狭く見る目などをやかましく言はれて、私の目の行き所が、どうしても団十郎の気に入らないで、幾度も〳〵直された」（『六世菊五郎百話』）。ついでに七代目坂東三津五郎の踊り談義。「遠い山を見る時には、割に低い所へ目をつけますし、近い山なら高くなる。物狂いしている時の目は指でさしたあと、おくれてそのさした所を見る」(『芸談』)

こんなふうに名優たちは、目の行き所＝目線を大事にしてきました。ダンチェンコが言うように、目こそが演技術のかんどころだからです。名優ばかりではない、昭和三十年代前半の浅草のストリップ劇場でも振付の先生が踊子たちに、「目線を客席にやさしく這わせなさい。それができなきゃお金はもらえないよ」と叱咤激励していました。

この言葉は、映画やテレビの現場ではもっと重宝でしょう。この二つのジャンルでは編集という作業が作品の死命を制します。たとえば、主人公とその恋人が富士山を眺めているとして、まず二人の姿を入れた富士山の全景。次に二人を大きく写す。このとき、二人の視線が揃って一方向(つまり富士山の山頂)を向いていれば、二人の心は一つに結ばれている(と観客が判断する)。しかしその視線がバラバラであれば、二人はそれぞれちがうことを考えている(にちがいないと観客は読む)。視線の方向次第でまったくちがう意味をもつ。そこで監督、あるいはデ

イレクターが、

「目線を揃えて！」

　もしくは

「目線を揃えちゃだめだよ」

　と力をこめて指示します。このように目線という言葉には作り手側の強い意志が働いているのです。目線はつまり企(たく)まれ、計画された視線、しかも受け手には自然なものと思わせたい視線のことです。さらに目線は音としても強い。叱(しか)るときの「メッ」、おどろいたときの「マア」、呆(あき)れたときの「モウ」など、マ行の音は強いので、稽古場(けいこば)や現場では有効です。一方、「シセン！」と大声で怒鳴っても、あまり迫力が出ません。

　というわけで、目線にはなんとなく人工的で、計画された響きがあるので、それを「ふと部屋の隅へ目線をやると……」というふうに使われると、大いに違和感がある。「ふと」には、はからずも、思いがけずという意味がひそんでいる。その意味と、目線のもつ人工性、計画性が衝突して、なんだかイヤな感じがしてしまうのではないでしょうか。

子どもの「辞書」に必要な汚い言葉

〔問〕

五歳の長男は、会話の中に「バカ」「ウンチ」「オシッコピー」など、汚い言葉を使ってよろこんでいます。男の子には、意味もなく汚い言葉を使う時期があるようですが、どうしてでしょう。長女はそんなことがなかったように思いますが……。

（岐阜県・河野佳子）

＊

ある時期の男の子が汚い言葉を使ってよろこぶのは、女の子がおしゃまな言い回しをするのと同じように当然のことで、すこしも悪いことではないと思うのですが、いかがでしょうか。もっともわたしの太鼓判では心細いでしょうから、今から三十年前、一九六一（昭和三十六）年から五年間、NHKの学校放送部が行った録音観察による画期的な追跡調査を助太刀に、心配のいらない理由を説明しましょう。

この調査の結果報告は「ことばの誕生」という題で全二十回にわたってラジオで放送され、大評判になりました。内容は、「誕生してから満五歳になるまでに、人間はどのようにして言語を身につけていくか」をテーマに、東京の乳児四人の言語生活を、週一回、三時間、マイクで追うというものでした。それも五歳になるまでずーっと、です。

さらに、方言との関係も考えて、全国各地の六人の子どもへもマイクが向けられ、もうひとつさらに、同じ年齢の子どもを持った全国のおかあさん方へも何度となくアンケート調査がなされました。まったく驚くべき根気と馬力ではありませんか。

さて、零歳の乳児期の子どもは、視覚や聴覚をはたらかせて周囲のものごとを理解しようとつとめつつ、家族、とりわけ母親の発声を学んで自分でもいろんな声が出せるようにがんばります。たとえば、母音は、「ア」から獲得します。次に「ウ」と「エ」、そして一歳半ぐらいまでに「イ」「オ」が出せるようになる。同時に「パ行」「バ行」「マ行」の順に子音を手に入れ、以下「タ行」「ナ行」「ワ行」の子音も会得（えとく）する。いちばんむずかしいのは「サ行」と「ラ行」らしく、これは五、六歳までかかる。とりわけ苦労するのは語中の「ソ」の音。一例をあげると、「あそこ」を、あすこ、あとこ、あちょこ、あしょこ、あっこ、あちこ、あしこ……と、いろんなふうに言ってしまう。

一歳半ぐらいからぐんぐん語彙（ごい）がふえてきます。それまで五、六十語程度だったのが、三歳前後には一千語を突破する。その内訳は、周囲の人の名、食べものの名など、名詞が多い。ちなみに「ことばの誕生」から使用度数の多い二十傑を引いておくと、①これ　②いる　③ない　④ここ　⑤行く　⑥する　⑦いい　⑧やる　⑨くる　⑩なに　⑪ある　⑫いや　⑬こっち　⑭こう　⑮言う　⑯どこ　⑰とる　⑱そう　⑲なる　⑳たべる、という順になります。代名詞の多いことにご注目ください。語数の足りなさを、代名詞を駆使することで補っているのです。ついでながら「ママ」は二十九位、そして「パパ」は八十二位でした。

こうして四歳ぐらいまでに、基本的な生活語彙を身につけると、それを元手にさらにたくさんの言葉をふやして行きます。たとえば、〈たべる→食事する〉〈通る→通過する〉というように、それまでに貯(たくわ)えた基本語と対応させながら、あたらしく同じ意味の漢語（サ変動詞）をおぼえるのです。子どもたちの頭の中の辞書は、もうずいぶん部厚く、正確になりました。

そこで汚い言葉を使ってよろこぶのは、第一に、辞書の正確さがよりたしかなものになるからだと思います。おかあさんが怒った、この言葉に「卑語」という注をつけてやろうというわけ。第二に、言葉ひとつで大人の態度が変わる、言葉には大人を動かす力があるんだ、おもしろいなあ——と、言葉の持つ力を発見し、たのしんでいるのです。第三に、子どもは言葉でふざけるのが大好きです。つまり言葉をオモチャにして大人と遊

参考までに二十一位から五十位までを列挙しておきます。㉑もう　㉒この　㉓見る　㉔だめ　㉕持つ　㉖作る　㉗あれ　㉘入(はい)る　㉙ママ　㉚上げる　㉛ちょっと　㉜とこ　㉝あっち　㉞乗る　㉟大きい　㊱書く　㊲ちょうだい　㊳うち（家）　㊴どう　㊵知る　㊶ひとつ　㊷こわい　㊸入(い)れる　㊹みんな　㊺読む　㊻下さる　㊼なさる　㊽今　㊾できる　㊿だれ

ぼうとしているのかもしれません。ですから、おかあさんとしては、「また、汚い言葉を使って。いけませんよ」と正しく（しかし軽く）叱って、「こらこら……」と追いかけ回すのがよいと思います。辞書は整備されつつあります。心配なさることはありません。

なんとなく「彼女」には抵抗が……

〔問〕

人称代名詞の女性を示す三人称「彼女」は、なんとなく響きが汚らしく、外国人に教えるのも気がひけます。わたしの語感のほうがおかしいのでしょうか。「彼女」がいつごろ、どのようにしてできたのか教えてください。また、流行歌「島育ち」に〽かなも年頃……とあり、この「かな」が彼女の意味と知って、その美しさに驚きました。この「かな」のことも教えてください。

(東京都・山名政宏)

*

山名さんの語感は決しておかしくありません。たとえば、詩人で英文学者の日夏耿之介(ひなつこうのすけ)(一八九〇～一九七一)も「彼女」が

大嫌いでした。彼は、
《「彼女」は奇態な感心しない言葉であり、それが盛に用ひられるやうになつたのは更に奇態且つ心外なことだ。大学卒業後今日に至る迄三十余年間之を似而非日本語として排斥し続け、教室の訳読にも、書きものにも、一度も用ひたことがない》（「現代語の反省と醇化のために」昭和十八年）

とまで言っています。

また『広辞苑』（岩波書店）を編んだ新村出（一八七六〜一九六七）も「彼女」嫌いで（もちろん『広辞苑』には収載していますが）こんなことを言っています。

《……彼女は、純然たる直訳語として発生し、翻訳語としては許し得たが、実際の国語としてはどうしても敬意を含み得ない》（「国語の基準」昭和十八年）

いかに相手は天下の碩学とはいえ、こう詰られては「彼女」がすこし可哀想です。「彼女」のために少し弁明いたしますと、もともと日本語では人称代名詞が大事にされていないことが

「彼女」にとっては不幸のはじまり。とくに女性を示す三人称の代名詞は無きにひとしいありさまでした。このあたりの事情を国語学者の広田栄太郎（一九〇九〜七四）は次のように説明しています。

《英語などでは代名詞を使うところを、国語ではしばしば名前や父・母・娘・夫人などというような名詞を用いるのが普通になっているから、意識的に西洋語の模倣をしないかぎり、「彼」とくに「彼女」のようなことばは、この当時（幕末。井上注）の文章にはあまり出てこないのである》

（『近代訳語考』昭和四十四年）

ところが文明開化は、意識的に西洋語を模倣する時代でもありました。西洋語の人称代名詞三人称には男女の区別がある、ならばわが国語でもそのように書き分けようということになった。そして、古くから使われていた「彼」が持ち出されました。これはもとは男女両用の人称代名詞ですが、ここでは男用として立てられ、女用としては「彼女」が使われることになりました。ただし〈かのじょ〉という読み方はまだ発生しておりません。「彼女」と綴って〈あのおんな、かのおんな〉と読んでいました。そして明治二十年前後に〈かのじょ〉と湯桶読みされるようになりました。

以上が「彼女」の生い立ちのひと筆描きです。いわば「彼女」は混血児だった。もちろん「彼女」を愛した文学者たちは大勢いました。たとえば北村透谷、田山花袋、夏目漱石などがそうです。一方、尾崎紅葉、幸田露伴、泉鏡花などは「彼女」を振りつづけています。西欧の文学成果を必死に取り込もうと苦心する文学者が「彼女」にやさしく、漢文学の素養のある文学者や江戸戯作の流れを汲む文学者が「彼女」に冷淡であるように見えるところがおもしろい。なお、昭和初期に「彼」「彼女」を恋人の意味に使うのが大流行しました。そこで混血でバタ臭く浮気……という印象が、新村出にはあったのかもしれませんね。

最後に、田端義夫のヒット曲「島育ち」（有川邦彦作詞・昭和三十七年）の〽赤い蘇鉄の　実も熟れる頃　加那も年頃　加那も年頃　大島育ち（一番）……の「加那」ですが、これは、娘さんの名前であって、「彼女」の意味はまったくありません。「どうしようもないほど切なくいとしいという意味の『愛しい』からきた人名だよ」と沖縄出身の友人が教えてくれました。

愛読者の皆さんから、「加那」には、「彼女」の意味があるという御高示をいただいた。「一般的には『恋人』のことをいう。また『いとしい人、いとしい子』という意味でもあるので、親が子に、子が親に呼びかけとして使うこともある」（関玲子さん）とお教え下さった方もあった。不明を恥じつつ、お礼を申しあげます。

「米」が「コメ」と書かれる理由は?

〔問〕

稲の実を表すのに、漢字の「米」を使わずに、片仮名で「コメ」と書くことが多くなってきたようです。新聞の見出しにも、「コメで米から質問攻め」とありました。米はアメリカ(亜米利加)の当て字です。当て字に漢字を使い、「稲の実」に片仮名を使うのは、本末転倒の気がしてなりません。

(長野県・山田昌治)

＊

米を輸入せよと迫る米。同じ字が正面衝突! まったく巡り合わせが悪いとしか言いようがありません。筆者は「日本の米を守れ」派の一兵卒ですから、できれば新聞の見出しも、「米でアメリカから質問攻め」と書いてほしい。しかし世間にはすでに「コメ」と片仮名で書く方がわかりやすいという約束ができあがっているようです。コメの自由化に批判的な『日本農業新聞』でさえ、「コメ自給を明言／衆院、財政質疑で首相」('90・12・11)という見出しを掲げていますし、自由化絶対反対の『現代農業』という月刊誌は、「コメの輸入」と題した緊急号外別冊を発行しています。ことばは世の中の約束事、「コメ」という書き方を受け入れるしかありません。もっとも米がコメと書かれるようになったのには、もっと深い理由があるかもしれません。

コメは中国大陸から伝えられた穀物だといわれていますが、「米」という字もまた中国産。中国では、さまざまな穀物の実全体を表す字として使われていました。ところが日本では、これが「イネの実」と意味を限って用いられています。これはなかなか珍しい使い方です。ここに一本のイネ科の植物があって、それがムギであれば、一本丸ごとムギと言い、その実もムギと

最近の『日本農業新聞』は、「米」を使うようになった。

言う。アワにしても、ヒエにしても、トウモロコシにしても、みな同じです。しかしコメはちがいます。一本丸ごとなら「稲」と言い、その実ならば「米」と言う。手間と暇のかかる言い方ですが、じつは、主食で、酒の原料で、また、貯蔵がきき、運搬しやすく、交換性が高いことから、租税も給与も、これでなされたので、そういう手間暇のかかる言い方が生まれた。というよりは、当時もっとも重要な経済財であったから、稲からその実を分離させて呼ぶ方が便利だった。

ところが一九六〇年代あたりからコメの価値が下がりはじめた。たとえば六〇年に大脳生理学者で小説家の林髞（たかし）（木々高太郎）さんの『頭のよくなる本』がベストセラーになりましたが、この本の中には「コメをたべると頭の働きがにぶくなる」などと書いてあり、それがまた時流に合った。そしてコメの消費量は減る一方。日本人がもっとも多くコメをたべたのは一九三五、六年ごろですが、今ではその三分の一ぐらい（一人年間平均約七十キロ）しかたべない。こうしてコメはいつの間にか厄介者扱いされるようになりました。値打ちの下がったものは、しばしば片仮名で書かれることがある。週刊誌の記事で「センセイ」と書かれると、その有名知識人はからかわれていることになります。「商売」ならまともですが、「ショーバイ」となるとなにやら怪しい世渡り。「米」が「コメ」になったのにも同じ気配が感じられます。

平安初期、仏典の講義を聞く僧侶が、その読み方や注釈を、テキストの字間や行間に速く書ける、形の小さな、字画の少ない文字を必要とした。そしてその必要から生まれたのが片仮名です。そこでこの「片」には、不完全で、不調和で、未熟などの意味があります。このときの記憶がわたしたちにも伝わっていて、値打ちの下がったものを、漢字から片仮名にしてしまうのでしょうか。中には「もっと理由は単純さ。動植物の名は片仮名で書くという文部省の指導が徹底しただけだよ」とおっしゃる方もおいでかもしれません。しかし、「米」は小学校の二年で教わる簡単な字です。それをわざわざ片仮名にするのです

内閣告示第三十二号（昭和二十一年十一月十六日）で、〈動植物

からなにか理由があるはず、そこで当て推量を書きつけてみました。

の名称は、かな書きにする〉と決まり、これが習慣化したことも大きい。この告示は昭和五十六年十月一日に廃止されたが、習慣は生き続けている。

「うれしかったです」は間違いか

〔問〕

小学生の娘が提出する作文や日記の、「とてもうれしかったです」や「とてもおいしかったです」などの表現は、かならず、「とてもうれしいでした」や「とてもおいしいでした」と訂正されてきます。「……うれしかったです」的表現は、やはり間違いなのでしょうか。

（鹿児島県・川嶋美智子）

＊

「うれしかったです」は、形容詞―過去の助動詞―丁寧の助動詞の順に並んでいます。この文をⒶとします。「うれしいでした」の方は、形容詞―丁寧の助動詞―過去の助動詞という順番です。この文をⒷとします。

Ⓐと Ⓑをくらべてみると、Ⓐは、形容詞をまず過去形にし、それをさらに敬体にしています。Ⓑは、それとは逆に、形容詞を敬体にしてから、その上で過去形にしています。国語学者、辻村敏樹さんの「敬意と回想は、表現の順序として、どちらが先に立つのが日本語の伝統かというと、どうも敬意が先、回想が後であるらしく思われる」という説によりかかって言えば、形容詞をまず敬体にし、さらに過去形（回想）にしているⒷに軍配が上がります。

また、名詞に「です」がつくと、推量形と過去形はそれぞれ、

〈春です・春でしょう・春でした〉

となり、形容詞に「です」がつくと、

〈あたたかです・あたたかでしょう・あたたかでした〉

そこで形容詞に「です」がつけば、当然、次のようになってよいと、だれもが考えます。

〈（だから春は）いいです・いいでしょう・いいでした〉

これはとても体系的です。そう考えてくると、Ⓑ「うれしい

でした」が正しい。――と言い切れるのであれば、話は簡単ですが、実際はちがいます。それは日常の会話をちょっと思い返せばすぐわかる。

「今日は寒かったですよ」
「今日は風が強かったですね」
「今日の夕焼けは美しかったですな」

みんなⒶを使います。

「今日は寒いでしたよ」
「今日は風が強いでしたね」
「今日の夕焼けは美しいでしたな」

とは言いません。たしかにⒷの形は、体系的で、それだけ類推がきくから便利です。しかし、どうもなじめない。先ほどの辻村さんも、結局のところⒷよりもⒶの方がはるかに一般的である、とおっしゃっています。また外国人用の日本語教科書などでも、「Ⓑの方が規則的で使いやすいだろうが、なるべくⒶを使うように」と書かれるようになりました。戦後しばらくのあいだ「Ⓑを使ってもよい」と教えていたのです。

もともと、「形容詞＋です」という言い方は好ましくないとされていました。戦前戦中までは「正しい日本語」ではなかったのです。しかし戦後になって「寒いです」「暗いです」という言い方がさかんに使われるようになり、一九五二（昭和二十七）年には、国語審議会も「平明・簡素な形として認めてよい」（「これからの敬語」）と建議するに至りました。

しかしわたしたちの身体（からだ）のどこかが、まだ、この「形容詞＋です」に抵抗しているらしい。そこで、「形容詞＋です」が、より生（なま）の形（つまり基本形）で出てくるⒷに違和感をもつのではないでしょうか。それに、もっと言えば、書き言葉ではⒶさえもまだ市民権を得ていません。許されているのは会話体でだけ。そこでお嬢さんには、「とてもうれしいと思いました」と書くように言ってあげてください。これならだれからも訂正されないですみますから。

この回答に対して、五通の投書（相模原市・阪田静亮、杉並区・吉田義雄、川口市・河原孝夫、藤沢市・小柳美智子、和歌山市・中拓哉の各氏）を戴（いただ）いた。五通というのは異常に多い数である。それだけこの問題は「ゆれている」のであろう。

「誤用」が社会的に承認されるとき

〔問〕

形容詞の連用形を副詞的に用いることができると、学校で習いました。ところが、若者向けのテレビドラマや若い人たちの会話で、「すごい楽しい」「すごい好き」などと、終止形の形で使われています。「すごく楽しい」「すごく好き」と、連用形を使うべきではないでしょうか。

（長崎県・宇野真理子）

＊

たしかに、どんな文法書にも、「形容詞の連用形は、用言の前に位置して、その用言の修飾語として用いられる」と書いてあります。おっしゃるように、「すごく楽しい」「すごく好き」が正しい言い方です。終止形「すごい」をそのまま副詞的に使ってはいけない。

ところが、厄介なことに、もう一つ、「ほんとうは誤りであっても、それを使う人がふえて、社会的に承認されれば、その誤りは、言語体系の中へ組み込まれていく」という大原則があります。

「すごい楽しい」という言い方がとても流行しているようですから、少なくとも、話し言葉の場面では、やがて市民権を得ることになるでしょう。言葉は、社会的な約束の大きな束です。人びとの間に「その言い方を認めようじゃないか」という暗黙の約束が結ばれると、誤用が誤用でなくなってしまいます。

誤用ではありませんが、昭和の初期、新奇な言い方がたくさん発明されました。作家の久米正雄が「微苦笑」を、若槻（わかつき）首相が議会の答弁で「善処する」を、犬養（いぬかい）首相が「心境の変化」を、それぞれ発明しました。その当座は、なんだか変な新語じゃないかと、非難の声が上がりましたが、そのうちに、みんなが使うようになり、いつの間にか、ちゃんとした言葉に出世してしまいました。

もっと有名な例には、「とても」があります。この副詞は、「とても……ない」というように、下に打ち消しの語句を伴うのが規則になっていたのですが、大正期に「とてもいい」というふうに使う人がふえてきました。芥川龍之介が「困ったことだ」と嘆いたのも、また、有名な話です。しかし、いま、わたしたちは、なんの抵抗もなく「とてもステキ」などと言っています。

一方、そのころ、「幅さ」という語が幅をきかせていました。「長い」を名詞化すると「長さ」になり、「広い」を名詞化すると、「広さ」になるから、「幅」にも「さ」をつければ、名詞になるのではないか。そこで「幅さ」が流行したのです。「幅」は、そのまま名詞ですから、そんな面倒なことをしなくてよいのに、どういうわけか、そんなことになってしまった。国語学者の浅野信が、こう嘆いています。

「幅さといふ語は、最近小、中学生に盛んに使用せられるが、これは不法なものである。誤りと気がつかぬのは悲しい」
（『巷間(こうかん)の言語省察』昭和八年）

「幅さ」は、やがて姿を消しました。べつに浅野先生の批判が功を奏したわけではなく、そのうちに、だれも使わなくなった。社会的に承認されなかったから、消えてしまったのです。

話を元へ戻して、なぜ、「すごい楽しい」という言い方が流行しているのか考えてみると、まず、「程度が並々でない」のを表す形容詞であることが大きい。並々でないことを強調しようとして、つい、すこしばかり破格の表現をとってしまったと考えられます。また、わたしたちは、いつも新しい言い方を求めていますから、その好みにあっているのかもしれません。そして、なによりも、わたしたちは、「正しい言い方」の味気なさを知っています。これは、その味気ない正しさへの、ちょっとした悪戯(いたずら)なのかもしれない。わたしは、そう思って諦(あきら)めているのですが。

下手な役者はなぜ「大根」なのか

〔問〕

下手な役者のことを「大根役者」と呼ぶそうですが、煮ても焼いても漬けてもよく、生で食べてもおいしい、あの重宝至極な大根のどこが「下手」に通じるのでしょうか。英語では、下手な役者を「ハム」というのだ、と友人と話しているうちに、ふと、疑問が湧(わ)いてきました。

(愛知県・内山忍)

＊

その語源については、たくさんの説があって、どれが正しいのか、にわかには決めかねます。そこで諸説を列挙いたしますので、お気に召す説をご自由にお選びください。

①大根の鈍重な形からの連想。

②大根の根の白いのを「素人」のシロに通わせた。

③下手な役者を「馬の脚」ともいうが、その脚の形と大根の形を重ね合わせた。

④大根はいくら食べても当たらない（中毒しない）、そこで決して当たることのない下手な役者を、しゃれて大根と呼んだ。

では、いつごろから、「大根役者」という罵り言葉が使われるようになったのか、十返舎一九の『東海道中膝栗毛』から見当をつけてみましょう。

その七編で、江戸ッ子の弥次郎兵衛と喜多八の二人組は、京見物をいたします。四条大橋の芝居小屋、舞台が開いて、花道から仕出しの役者が大勢出てくる。途端に観客席から見物衆の罵声。

「イヨ大根ウ」

ここで原作を引用しますと、

上がたにては役者の下手なものを大根といふ。喜多八、そのわけはしらず、人が大根大根といふを、きいたふうに、役者さへ見ると、大根大根と呼びたつる……。

弥次さんと喜多さん、大根とは、《おおかた役者の仇名だろう》と、早呑み込みの早合点、出てくる役者へ次つぎに大根、大根と声をかけてしまうので、小屋は大混乱。しまいには摘み出されてしまいます。この七編が出版された文化五（一八〇八）年あたりの事情は、ざっとこんなところでしょうか。

いったいに、大根は安かった。そのころ書かれた随筆『我衣』に、こうあります。

当冬、沢庵大根、値貴くて、百本一貫五百文。

べらぼうに値が上がったといっても一本十五文。豆腐一丁六十文、甘酒一椀八文、鰻丼百文、そば十六文とくらべれば、そう高くはない。ちなみに、当時、野菜の行商人（棒手振り）の一日の儲けは四、五百文ぐらいでした。

また、そのころ、「大根配り」という言葉があった。農家が、下肥を汲み取らせてもらうお返しに、師走、出入り先へ、お礼代わりの大根を配る、これが大根配りです。

さらに、大根と小便の交換業が往来を行き来していました。天秤で小便たごと大根の束を振り分けにして、「だいこーん、小便しよ」と触れながら流して歩く。つまり移動公衆便所。小便たごに用を足すと、大根がもらえるという仕組みです。こうして、大根に「ありふれていて、安くて、臭いもの」という意味が付着しはじめ、その意味が下手な役者に通じるものがあって、「大根役者」という悪口が成立したのではないでしょうか。

英語で、下手な役者を ham というい われについても諸説がある。そのなかの有力な説を一つ紹介して筆をおきます。

オーバーで、派手で、臭い演技をするニグロ・ミンストレル（道化芸人団）の役者たちは、メーキャップを落とすのに、ham

の脂(あぶら)を用いた。そこで、下手な役者のことをhamというようになった。

時代で変わってきた「素敵」の意味

〔問〕

「すてき」という言葉は、漢字で「素敵」と書きます。だけどこの「素敵」は、私たちが日ごろ使っている「ステキ」というときの感じに何かそぐわないような気がしてなりません。

（神奈川県・石川恒子）

＊

「すてき」は、素敵の他に「素的」や「素適」といった漢字で書かれることがあります。つまり、あて字なのです。「野暮（やぼ）」「出鱈目（でたらめ）」「乙女（おとめ）」「目出度（めでた）し」「矢張（やっぱ）り」などと同じく、漢字本来の意味に関係なく、ただその音や訓だけを借りて語の表記に当てたあて字です。あて字には、「倶楽部（クラブ）」や「型録（カタログ）」「五月蝿（うるさい）」

といった傑作もありますが、当てた漢字とその意味とが一体となっていないものが少なくありません。また、出来た当座は、漢字と意味がしっくり合っていても、時間が経つと両者が互いに少しずつずれてきます。この「素敵」も、ずれの来たあて字の一つなのかもしれません。たとえば、「いいじゃんこんな女で」を編集方針に掲げた週刊誌『Ｈａｎａｋｏ』の五月三十日号、全一八六頁、蚤取り眼で探しましたが、素敵、素的、素適は一つも見当たりません。

「ステキな発表会、展示会、記者会見はメトロポリスの質の高いパーティだ」

「マレーシアは、ステキな休日の特等席です」

「海外もいいけれど、国内にだってステキなリゾートがある」

わたしの場合は、カタカナで書くのには抵抗がありますが、漢字では落ち着かない。そこでもっぱら「すてき」とひらがなで書いています。ここまでをまとめますと、あて字は、それぞれの感覚で、かなで書いてもいいのではないかしら。

「すてき」の語源は、たしかなことはわかっていませんが、有力なものに二説あります。第一の説は『大言海』が唱えたもので、「出来すぎ」の倒語である。第二の説は、たいていの国語辞典が採用しているもので、「す」は「すばらしい」の下略、「てき」は強てき（豪勢なさま、優れたさま、えらそうなさま）、頓てき（愚鈍なこと、まぬけなこと、とんちき）などの「てき」と同じく接尾語であると言っています。がしかし「定説なし」が定説ですから、語源探しはこのへんで打ち切って、江戸後期の戯作者、式亭三馬（一七七六〜一八二二）の『浮世床』（一八一三年）の話をしましょう。

この作品に「すてき亀」という人物が登場します。「何ごともすてきすてきといふ口ぐせのある」ところから、こんなあだ名がついたのです。国語学者の半沢洋子さんによれば、「三馬は『すてき』を最初に最も好んで用いた作家」だそうです。

すてき亀は、新しいものが大好きのお調子者、その亀がこの言葉を連発するのは、これが当時の流行語だったからではないか。これが半沢さんの推理です。

ただし、当時は、いまのように、「非常に優れている」という意味はなかった。

「すてきと油を売たぜ」というように、数量や程度のはなはだしさを示す言葉でした。漱石の『坊っちゃん』で、主人公は山嵐とうらなりの送別会に出かけていきますが、その会場は「五十畳だけに床は素敵に大きい」、ここでも、まだ、「すてき」に評価の判断は含まれていません。いまのような、「しゃれている」「気がきいている」という価値判断を持つようになるのは、そんなに古いことではなさそうです。

もっとも、仮名垣魯文の『西洋道中膝栗毛』（一八七〇年）には、

「ヲヤ〳〵すてきな婦人があらはれた」

という文がありますから、明治時代には、両者が併用されていたのではないでしょうか。

「繋(つな)げていきたい」は許されるか？

〔問〕

「繋ぐ」という動詞を、「繋げていきたい」などと使う人がいます。正しくは、「繋いでいきたい」ではないでしょうか。また、「繋げる」を使うにしても、その場合は、可能を意味するときに使うべきではないでしょうか。　（大阪府・小林美智子）

＊

国語辞典を引くと、よく、「……を見よ」と書いてあるときがあります。これを普通〈カラ見出し〉といいますが、このカラ見出しがとても多いんですね。現に、『日本語大辞典』（講談社）で、「繋げる」を引くと、「↓つなぐ（繋ぐ）」とあります。このカラ見出しの意味を、わたし流に翻訳しますと、「二つ以上の言語形式が、同一の場面に共存、共生するんですよ」となりましょうか。そして、国語学者たちは、この現象のことを「ことばのゆれ」といっています。

たしかに、ことばの体系は、絶えずゆれています。まず、音韻がゆれています。「ニッポン⇅ニホン」「ヤッパリ⇅ヤッパシ⇅ヤハリ」「アソコ⇅アスコ」など、例をあげればきりがありません。

アクセントも大ゆれ、「サカ・サカ（坂）」「ボク・ボク（僕）」「セカイ・セカイ（世界）」、どちらも通用しています。

語彙（ごい）もゆれています。去年と昨年が、現金とキャッシュが、本塁打とホームランが、そして、ひまと余暇とバカンスとレジャーがごっちゃに使われています。もちろん、それぞれ微妙に色合いが違いますが、しかし、二つ以上の言語形式が同一の場合に共存、共生していることは、まちがいありません。

表記もゆれています。一例だけあげておきますと、「人・ひと・ヒト」が共生しています。そのほかにも、「やわらかな

（い）肌」（形容動詞）、「よい（いい）人柄」（形容詞）、「だんだん（に・と）よくなる」（副詞）など、その気で周囲を見まわすと、どこもかしこもゆれています。入口は、「イリクチ」ともいい、また、「イリグチ」と濁ったりする。デパートのエレベーターのお嬢さんに「サンカイ」と言っても、また、「サンガイ」と言っても、きっと三階で降ろしてもらえます。

ことばを規則づめにしては、かえって不便です。そこで、表現の多様性を許容できる程度に、規則がゆるくつくってあるのだとおもいます。動詞の活用もまたしかり、二種類の活用形式を並存させていることが多いのです。

たとえば、「愛する・訳する・辞する」といった「一字漢字を語幹とするサ変動詞が、「愛す・訳す・辞す」というふうに五段活用化するのは、一般的な現象ですが、しかし、だからといって、「愛する・訳する・辞する」が、すぐに消え失せてしまうわけではありません。両者は共生してゆきます。また、「任せる・すたれる」という下一段活用の動詞が、「任す・すたる」と五段活用をしながらも、両者仲よく共存しています。「繋げる・繋ぐ」も、この下一段(繋げる)と五段(繋ぐ)の関係、そこで、「繋げていきたい」という言い方も、認めてあげてよいのではないでしょうか。「繋げる」には、可能の意味よりも、願望の方が強いとおもいます。野球の解説者が、「チャンスですね。ここは、次の打者がより大きなチャンスに繋げていきたいものですね」と、よく言いますが、あれは、「繋ぐ+願望=繋げる」という式になっているようにおもいます。したがって、「繋ぐ=繋げる-願望」ということになります。

アパレル業界から生まれた「定番」

〔問〕
「夏服の定番」「朝食の定番」など、最近、定番ということばをよく見かけます。文脈から推し量って大よその意味はつかめますが、『広辞苑』（第三版）にも載っていません。意味を正確に教えてください。

（宮城県・笠原静子、千葉県・大木房夫）

＊

定番は、主として衣服業界で使われている用語で、「定番商品」の省略した言い方です。たとえば、白ワイシャツや白ブラウスなどのように、流行にかかわりなく、毎年、確実な売り上げの見込まれる基本的な商品が定番商品で、商品台帳にその商品番号が固定して定められています。これが一般に転用されて、

「基本的な、きまりもの」という意味をこめて使われるようになりました。新語には、この定番のように、在来語からの転用がけっこう多いようです。

在来語から転用されて新語になり、そのうちに見事に日常語として定着した例の一つが「駅」です。『日本語百科大事典』や石井研堂の『明治事物起源』や国語学者の真田信治さんの論文を参考に、駅が駅として定着する過程を追ってみますと、明治になって「鉄道」（新語）が敷かれます。駅は同じく新語の「ステイション」でした。ところが、このステイションがなかなか定着せず、「蒸気車出仕役所」だの、「鉄道館」だの、「火輪車会館」だの、「ステン所」だのとさまざまに呼ばれていたようです。そのうちに「停車場（ていしゃば）」という新語ができて、これがだいぶ広まりますが、明治も三十年代になって、「駅」がぐんぐん有力になってきました。駅は奈良時代に大宝令によって、官道の三十里（現在の四里）ごとに置かれた設備ですから、ずいぶん古いことばです。そういえば、芭蕉の『奥の細道』に

東邦レーヨンにお勤めの鐘江啓蔵さんから次のようなお葉書を戴（いただ）いた。

〈繊維業界で四十余年経験して参りました小生の知見では、戦後日本の繊維産業が復興する過程で、通産省や業者組合が相談して、綿織物の代表的な規格（糸番手、打込、織巾）に就いて、見本番号（例えば二〇〇三番とか、二〇〇四番等）を定めたわけですが、その後、多品種化し、色々変化した織物も出現しましたが、前者の見本番号の付された代表的綿織物を定番品と

も、

　すか川の駅に等躬（とうきゅう）といふものを尋ねて

というふうに出てきていましたが、とにかく、しばらくは、停車場と駅の併用時代がつづきます。「鉄道唱歌」（明治三十三年）が歌われていたころが、まさにこの併用時代で、

　鶴見神奈川あとにして／ゆけば横浜ステーション（五番）

があるかと思えば、

　出（い）でてはくぐるトンネルの／前後は山北小山駅（十三番）

があるという具合でした。こういう場合にものをいうのは、やはり経済性のようで、二音の駅が四音の停車場を駆逐してし

称しました。従って定番とは、織物業界から生まれた言葉です〉

まいます。

このように、新語が定着するかどうかは、世間がきめます。そのことば造語者がいくら頑張っても、「よく言ってくれた。」と、世間から同感や共鳴が得られなければ、を待っていたんだ」と、世間から同感や共鳴が得られなければ、やがて消えて行きます。

定番がよく使われるのも、ばかばかしいまでの流行の移り変わりに、世間がうんざりしているからではないでしょうか。いろいろ移り変わるなかにこれだけは変わらないということを強調しようとして、業界の在来語を、だれかカンの鋭い人が使い始め、世間が共鳴したのでしょう。

情報科学から「インプット」や「アウトプット」、競馬から「出馬」「本命」「ダークホース」、広告から「コンセプト」、税務から「マルサ」、相撲から「金星」、証券から「損失補塡（ほてん）」と、業界語が新語になり、やがて日常語に定着していく例はたくさんありますが、どうも新語は、その時その時、派手で、目立つ動きをしている業界から出てくることが多いようですね。定番を送り出したのも、いまや横文字でアパレル業界（アパレルは服装の意）と呼ばれる花形業界です。

なぜ船は「泳ぐ」といわないのか

〔問〕

自動車や自転車は「走る」といい、飛行機やヘリコプターは「飛ぶ」というのに、なぜ船は「泳ぐ」といわないのでしょうか。

（福岡県・鍬田昌宏）

＊

走る、飛ぶ、泳ぐ、いずれも事物がある一定の方向へ進むという意味では、共通しています。ただし、その進み方にだいぶ違いがありますね。

ここは重役室。いま、重役が書類に目を通しています。そこへ配下の部長が入ってきました。そのときの重役は、「視線を走らせた」

すばやい目の動きです。この動きだけで、重役も部長も切れ者、これから密談でも交わしそうな雰囲気があります。

「視線を飛ばした」

これもまたすばやい目の動きです。ただし、この場合の重役は豪放磊落（らいらく）、なにか明るい感じです。今晩あたり、ひさしぶりに一緒にめしでもくおうか、といった相談が始まりそうです。

「視線を泳がせた」

目の動きがもたもたしています。重役にはなにか弱みでもあるのでしょうか。

……こんな風に使い分けているのですが、それはともかく、「走る」は事物のすばやい移動、「飛ぶ」は途中にあるものを省略してその先へすばやい移動、そして「泳ぐ」は同じ移動でありながら、なにかしら滞っている印象があります。これはそれぞれの漢字の語源からきているものでもあって、走るは、「大」（手足をひろげた人のすがた）と「止」（足）とを合わせた字で、人が足を動かしてせかせか行くという意味がこめられています。

飛ぶは、「ヒ」という音が「ふたつにわかれる」という意味を示し、そこで鳥がふたつの羽を左右にひろげてとぶすがた、そこから、「とぶ」「とぶように速くいく」という意味に使われるようになりました。

泳ぐは、「氵」（水）と「永」（ながくのびる）という音を合わせた字で、「ながくつづけて水にうかぶこと」を表しています。

そこで、滞っている、たゆたっている、うろうろしているという感じを含んでいるわけで、相撲では、この感じをうまく使っています。たとえば、琴富士が平幕優勝した先の名古屋場所を特集する『相撲』（ベースボール・マガジン社）一九九一年八月号の「観戦記」（岡本晴朗文）。

貴闘力が左へ変わる。若瀬川が残して左で前ミツをねらえば貴闘力は突く。若瀬川が中央で左へイナすと貴闘力は泳いだが、とっさにイナし返すと、西へ泳ぐ若瀬川を送り出した。

（八日目）

歌舞伎でも、「泳ぐ」のは大事な芸の一つ、跳躍味を表現した飛六方にたいして、泳ぎ六方というのさえあります。前のめりになってよろめきながら退場するわけです。

こういう次第で、泳ぐには、素直に前へ進まないような気分がありそうです。それに泳ぐのは、水中が多い。さらに泳ぐには、ひれや尻尾やからだをくねらせて、という印象が強い。どうも船にはふさわしくない。そこで船が「泳ぐ」とはいわないのではないか。わたしはそんなことを考えました。ちなみに、船は「走る」です。『日葡辞書』にもこう書いてありました。

「フネガfaxiru（ハシル）」

鷗外の『山椒大夫』にもこうあります。

「舟足と云ふものは、重過ぎては走りが悪い」

「……ちゃんのばか」にある敬意と友情

〔問〕

小さいころから「……ちゃんのばか」と言ったり、落書きしたりしてきましたが、外国人の夫が、「……ちゃんはばか」のほうが正しいと言って譲りません。たいていのことなら説明できるのですが、これについては、手も足も出ません。

（兵庫県・宮崎美保子）

＊

十何年も前のことになりますが、オーストラリア国立大学の日本語科の学生から、そっくり同じ質問を受け、教壇の上で立ち往生したことがあります。あの時できなかったことを、なんとか今度こそはと思い、適任でもないのに、勝手にしゃしゃり出ました。今度も立ち往生しないで済めばいいのですが。

「の」の助詞は、体言にくっついて所有や所属を表す、これが基本です。佐佐木信綱の、あの名歌、

ゆく秋の大和の国の薬師寺の塔の上なる一ひらの雲

に例をとりますと、「塔の上部は薬師寺のものであり、その薬師寺は大和の国に所属し、さらに大和の国は、いま、まさに秋の所有するところである」ということになるでしょうか。ちょっとこじつけが過ぎるかもしれませんが、大目に見てください。

そこで、「……ちゃんのばか」は、「……ちゃんが所有するところのばか」、あるいは、「……ちゃんはばかの部類に所属している」という意味になるかと思います。

「の」助詞の働きは、これだけではありませんが、紙幅を惜しんで、「は」という係助詞の説明に移ります。「は」助詞には、

いろんな異名があります。曰く「とりたての助詞」、曰く「提題の助詞」、曰く「題目の助辞」。つまり「は」は、ある一つのものを取り立てて提示するのが本来の用法だというわけです。別に言えば、あるものを他と区別して取り上げ、対比させる働きを持っている。

したがって、「……ちゃんはばか」には、「大勢の子どもがいるなかで、ばかと言われるに足るのは他でもない、……ちゃんである。他はいい子」という気分を含んでいるのではないでしようか。

その気分が、この言い方をなんとなく歯切れの悪いものにしていますね。

もう一つ、古い時代の、体言と体言とを結ぶ連体助詞の代表格は、

「が」（君が代）

「つ」（沖つ浪）

「の」（天地の神祇）

でした。

　これらの連体助詞を人びとはどう使い分けていたのか。ここでは、「つ」については問わぬことにして（なにしろ、その活躍期は国語史以前だそうです）、「が」は親しい人や身内に、それから軽蔑や憎しみを込めるときに使われていたらしい。一方、「の」はどうだったか。〈敬意の対象たるべき大君・すめろぎ・神・皇子等にはもっぱら「の」が用いられ〉（松村明編『日本文法大辞典』明治書院）ていた。この遥かな記憶が、「……ちゃんのばか」にも残っているような気がします。

　だれかがだれかに「……ちゃんのばか」と言う。このときすでに、仲直りが予想されている気がいたします。本気で「ばか」ときめつけているわけではない。

　ちょっと恨んで、そんなことを言ってしまう。敬意や愛情や友情を含んで「ばか」と言っている。ところが、「……ちゃんはばか」の方は、あんたはばかだと、わざわざ提題しているところが、すこしばかり厳しい物言いになっていると思います。

　この回答にも三通の投書（ロンドン市・宮崎直緒子、杉並区・中埜邦夫、岡山市・井上恒太郎の各氏）を戴いた。たとえば、宮崎さんは、〈「……ちゃんのばか」は、ばかと言われている「……ちゃ

これでご主人が納得してくださるといいのですが。

ん」が直接聞くか読む場合に使われ、「……ちゃんはばか」は、「……ちゃん」以外の者に言ったり書いたりするときの表現である。〉と書いてきてくださった。なかなかおもしろい解釈です。

いいとよいはどちらでもいいのか

〔問〕

「いい女」「いい天気」「いいタイミング」などの「いい」が、たとえば、NHKの放送では「よい」と発声されることが多いのに気づきました。調べると、たしかに「よい」が正しいようですが、しかし、当代一流の著作者の文章には「いい」がたくさん出てきます。「いい」と「よい」と、どちらが正しいのでしょうか。

（東京都・浜田潔美）

＊

どちらも正しい。そこで、二本立てで使いこなして行くのがよろしい。これが答えです。もちろん、「よい」には改まった感じがあり、文章語らしい匂（にお）いもある。これに対して「いい」

にはくだけた感じがあり、口語っぽいところがある。この微妙な違いを使い分けることは大切ですが、ひとまず、どちらも正しいと心を据えるのが肝腎です。

漱石の『坊っちゃん』では、主人公を敬愛する女中のお清さんが、いつもこう言います。

「あなたは真っ直でよい御気性だ」

そのお清さんも自分のことになると、

「たとい下女奉公はしても年来住み馴れた家の方がいい」

「いい」を使っています。ついでながら、この痛快な小説の主人公はどんなときも、「いい」で押し通しています。「よい」は決して使わない。この小説は江戸弁の口語体で書かれていますから、主人公の口調に「よい」が入り込む隙がないのです。そういう次第で、ＮＨＫは、視聴者をご主人様とあがめているのかもしれません。ＮＨＫはお清さんの立場にまでへりくだっているのです。

もっとも、同じ漱石の『草枕』では、禅寺の偉そうな和尚さんが「よい」を連発しています。ひょっとすると、ＮＨＫは、へりくだりながら、じつは偉そうにものを言っていると考えられないこともない。このへんはじつに微妙です。とにかく「よい」には他人行儀なところがあります。

「いい」が口語的だという証拠をもう一つ挙げると、二十数年前に、若い人たちに流行った「いいじゃん」、あれは「よいじゃん」でもよさそうなのに「いい」の方に付きました。「じゃん」が、どっちがより口語的かをちゃんと嗅ぎ分けたのだと思います。

統計をとると、圧倒的に「いい」が多いのはたしかです。そこで「いい」に統一してしまった方がよさそうなものですが、そうも行きません。「よい」の方が素性が正しくて、〈よかろう・よかった・よくて・よければ〉と、形容詞としての活用形を持っているのに、「いい」にはそれがない。「よい」は文語の「よし」に繋がりを持っているが、「いい」は孤立無援、あくまでも「『よい』の変異形」（和田利政）にすぎません。

複合語ができるときも、「履きよい」「住みよい」「書きよい」といった具合に、素性正しい「よい」の方に付きやすいようです。「恰好(かっこう)いい」などは「いい」に付いているではないか、と反論なさる方もおいでだろうと思いますが、これは「恰好がよい」が、口語化したのではないでしょうか。つまり「いい」はたいてい「よい」に復旧できるのです。なかには「いい人」「いい仲」のように復旧できないものもありますが。「よい」と「いい」を一緒くたにするとまずい場合もありますね。奥さんが「お風呂、いい加減ですよ」と言う。愛情が感じられます。「お風呂、よい加減ですよ」では、家庭崩壊の日は近い。そんなわけで二本立てで行くしかないのです。

なお、「いい」は、「よい」が江戸風に訛(なま)ったもので、その江戸訛りが江戸期に全国に広まったというのが、国語学者たちの一致した見解です。

問いを作り、答えが表れる助詞「は」

〔問〕

テレビなどの出演者が自己紹介で「京都府は宇治市からまいりました〇〇です」などと言います。「は」よりも「の」のほうが自然な感じがするのですが、どんな意味があるのでしょうか。

（京都府・大西良樹）

＊

ご存じのように「は」は、係助詞です。そして係助詞の「は」は、〈主題を提示し、陳述を導き、文末の述語に照応する〉のが第一の役目です。つまり、「は」は、文末の述語にまで係わるというわけです。

「……は」と聞いた瞬間に、わたしたちは「……です」を予想してしまう。これが〈文末の述語に照応する〉ということの意味です。いま仮に自己紹介をしているのが大西さんとしますと、「京都府イコール大西です」というふうに聞こえかねない。もちろん大西さんにはそんな大法螺（おおぼら）を吹くつもりはなく、「京都府の宇治市からきた者です」と言いたいだけなのに、「おれは京都府だ」と大見得を切っているように聞こえてしまう。繰り返すようですが、「は」は、文末にまで影響を及ぼす力を秘めていますから、ほんの一瞬ですが、聞くものにそういう錯覚を与えかねないところがあります。そこでなんとなく不自然だということになるんじゃないでしょうか。

ところで、心理学者で国語学者の佐久間鼎（かなえ）（一八八八〜一九七〇）が、こんなことを言っています。

「『は』は品定め文専用の提題の助詞である」

たとえば、「AはBです」をじっと睨（にら）む。そうすると、Aとは何かを品定めするために「は」という助詞を立て、その「は」の後に、Aを説明するBのあることがわかります。

これだけではまだ少しちんぷんかんですから、ここで大野晋さんのすばらしい定義を紹介しますと、『「は」という助詞は、問いを形成して、その答えを要求する助詞である」（『文法と語彙』岩波書店、八七年刊）。つまり、「は」によって問いが表され、その下にその問いに対する答えが表明される、「は」はそういう助詞なのですね。

したがって、「京都府は宇治市からきた……」は、「京都府のどこからきたとのお尋ねならば申し上げますが、ほかでもないあの宇治市……」というように、「は」を中心に問いと答えがセットになっているわけです。「は」を使うことによって、微かにではありますが、改まった気分が現れ、宇治市を立てようとする気配りが漂う。「京都府の宇治市からきた……」では、単に場所の説明で終わってしまいますが、「京都府は宇治市から……」と言うと、そこに発言者の小さな自問自答が挿入されますから、宇治市がぐんと取り立てられるのです。

たとえば上田敏の訳詩「春の朝」も、この「上に問いかけを

含み、下に答えを用意する『「は」』の働きをうまく生かしていたからこそ、名訳になったのではないかと思います。つまり、

時は（いつかと言えば、夏でも秋でも冬でもなく、まさに）春、日は（いつかと言えば、昼でも午後でも夕方でもなく、まさに）朝、朝は（いつかと言えば、何時でもなく、まさに）七時、片岡に露みちて、揚雲雀なのりいで……

という按配に、わたしたちは訳者とともに自問自答し、品定めしながら読んでいるのです。

「は」をよく理解するためには、「が」についても勉強する必要がありますが、紙幅が尽きました。もっと詳しくお知りになりたければ、前出の大野晋さんの『文法と語彙』をお読み下さい。わかりやすくて、じつにためになります。

かっこの中の句点はなぜあるのか

〔問〕学校では、文の終わりには句点「。」を打つこと、たとえかっこ（――）やカギかっこ「――」の中の文でも句点が必要と教えているようですが、世の中に出回っている出版物では（――）や「――」の中の文の終わりに句点がありません。どうしてですか。

（広島県・佐田友浩然）

＊

おっしゃるように教科書では、かっこやカギかっこの中の文の終わりにも句点を打ちます。その例を『新訂　新しい国語』（東京書籍）から引いてみましょう。ちなみにこれは小学六年用の、もちろん文部省検定済の教科書です。

「お父さん、もっといいものが焼いてみたくないの。」
むすこの楊は、しきりにこんなことを言うようになった。
(どうして、お父さんは、ふだん使うような焼き物ばかり焼いて……、それで満足しているんだろう。)

楊には、それがふしぎだった。　(岡野薫子「桃花片」)

紙幅を惜しんでもう例は掲げませんが、公用文でも(――。)や「――。」はしっかり守られているようです。種明かしをしますと、昭和二十一年と二十五年に文部省国語課の発表した「くぎり符号の使い方」が教科書や公用文の句読法の拠りどころになっています。その中に「マルはすべての文の終止に打つ。かっこやカギかっこの中でも、文の終止にはマルを打つ」とあるのです。

この文部省の規則は「現代かなづかい」や「常用漢字」ほどは守られていません。いや、ほとんど野放しの状態にあるといってもいい。なぜこの規則は社会の慣用として広まらなかったのでしょうか。

なによりも日本語にはもともと句読点をつける習慣がなかった。句読点は、漢文訓読の際に読解を助けるために付されたのが始まりですが、これはあくまでも読み解くためのもの。書き手が表現法の一つとしてこれを使うようになるのは明治に入ってから。あえて言えば、欧米から輸入された句読法（パンクチユエーション）に刺激されたようなところがあります。いわば付け焼き刃の借り着、どうしても必要とされたものではないので、使うも使わないも各人の勝手ということになるのは当然です。

日本語では文の終わりにたいていきまった文節があらわれます。用言や助動詞の終止形、係り結びのときは連体形に已然形（いぜんけい）、それから終助詞によって文の終止がはっきり示される。また、仮名文の古典を写本するときに、文末の助動詞「なり」に「也」という漢字をあてて書いたりする。「——也」とくれば文の終わりであることは明白です。今回は読点「、」については触れませんが、一つだけ言えば、漢字仮名交じり文では、漢字が読点の役目を果たしていることも多い。こんなわけで句読点はそうは重視されなかったのです。

さて、文部省国語課の規則ですが、筆者などから見ても理屈に合わないところがあります。たとえば、（　）や「　」ではっきり区切られているのに、その上に「。」を付けるのは、くぎり符号の重用で、ただわずらわしいだけではないでしょうか。また新聞や雑誌などのように活字をびっしりと詰めた印刷物では、くぎり符号の二重使いが、紙面に間の抜けた空白を生んでしまいます。

――ざっとこんなわけで、文部省規則は教科書と公用文の中でしか用いられていないのです。もっとも文部省のためにひと言、弁じておけば、いちいちうるさくくぎり符号を使わせることで、生徒たちに文意識を植えつけようとしているのかもしれません。

「形容動詞」とはいったい何だろう

〔問〕

『広辞苑』（第四版）巻末付録の「国文法概要」に、〈形容動詞なる品詞を立てず、その語幹をすべて名詞として取り扱った〉と書いてあります。ところが学校文法では形容動詞を認めており、どちらを信じていいのかわからなくなりました。どうしたらいいでしょう。

（埼玉県・久保田光）

＊

高校で国文法の先生からたしかにこんなことを教わりました。「活用は動詞に似ていて、意味は形容詞に似ている。だから形容動詞というんだ。おまけに見てくれが名詞に似ているときもあるから気をつけろ」

そして鑑別の秘訣はこうでした。

「形容詞と同じように副詞の『とても』を受けることができれば形容動詞だ。また、連体詞の『その』を受けることができるのは名詞、受けることができなければ形容動詞だ」

もちろんもっと簡単な鑑別法があります。たとえば、口語で終止形が「だ・です」で終わるのが形容動詞であるというやつ。ただしこの方法では、寝ぼけ眼で、

「その人は女性だ。そして彼女はきれいだ」

というような文章を見たりすると、(終止形が「だ」だから、「女性だ」も「きれいだ」も形容動詞なのかな)

ふっと迷ってしまいます。そこで、さきほどの「とても」と「その」を使って見分けます。「その人はとても女性だ」はへんだから、「女性だ」は形容動詞ではない。「女性」と「だ」とに分けて考えるべきではないか。すると名詞に断定の助動詞がくっついたものかもしれん。「彼女はそのきれいだ」とはいえないから「きれいだ」は形容動詞だ。というようなわけで形容動

詞がないとなるとせっかくの鑑別法が役立たずになってしまうからつまらないと考えているのですが、これでは答えにならないですね。

これまでたくさんの国語学者がさまざまな品詞分類論を展開してきましたが、形容動詞となると、橋本進吉（一八八二～一九四五）と時枝誠記（一九〇〇～六七）の名を逸するわけにいきません。

橋本進吉は上代語や音韻史の研究でたいへん大きな仕事をしましたが、彼の文法は「文節」という考え方にもとづいています。

その人は／女性だ／そして／彼女は／きれいだ

という具合に、不自然になる寸前まで文を細かく区切っていき、その一区切りを「文節」と名付け、これをもとに文節構成の在りよう、活用の有無、語の切れ続きなど形態を基準にして調べつくしました。このように日本語の外形的な特色を分析し、それをおだやかに処理した橋本文法は、昭和期の学校文法の主流となりました。形でわかる、しかもごく穏当であるというので重用されたのです。形容動詞論を確立したのもこの人でした。

一方、時枝誠記は「形容動詞を認めない」派の代表のような学者です。誤解をおそれず時枝文法でいってしまいますと、「形容動詞といわれているものは、正確には体言＋助動詞である」ということになります。体言や用言（時枝文法では「詞」）によって表現しようというものを客観的に概念化し、話し手の立場や気持ちを助動詞や助詞（「辞」）で表現するというのが時枝文法の骨子ですから、当然、詞と辞がごっちゃになったような形容動詞などは認められないわけです。

「文法学者の数だけ文法がある」といわれるぐらいですから、どちらが正しいということはできません。ただし、目安として規範化された品詞分類があったほうが便利ですから、それを与えてくれた学校と橋本進吉に感謝しております。

固い、堅い、硬いはどう違うのか?

〔問〕

「かたい」を、固い、堅い、硬いというふうに書き分けなければなりませんが、よく区別できないので、この前の小テストで間違えてしまいました。ぼくの国語辞典には、そのちがいが載っていません。ぜひ区別の仕方を教えてください。

(新潟県・岩城文太)

＊

同じ訓(よ)みなのに、その訓みに当てる漢字がちがうということがしばしばあります。おたずねの「かたい」もそうですし、そのほかにも、

あう(合う、遭う、逢う、遇う)

あける（開ける、明ける、空ける）

なく（泣く、鳴く、啼く）

など、例をあげればきりがありません。こういうのを異字同訓といいますが、「（意見などを語るの意の）のべる」などは、わたしが知っているだけでも、

述べる、宣べる、布べる、舒べる、展べる、申べる、伸べる、信べる、陳べる、抒べる、叙べる、演べる、序べる、註べる

など、あきれるほどたくさんあります。こういった異字同訓を使い分けるのはたしかにむずかしい仕事です。

どうしてこんなに異字同訓があるのかというと、やまと言葉を漢字で書き表すところに主な原因があるらしい。たとえば、わたしたちの祖先は、人が涙を流そうが、鳥が声を発しようが、そういったことをすべて「なく」と言い表していました。ところがそこへ漢字が輸入されて、中国人は、鳥獣がなくときは鳴、声を上げて悲しみなくときは啼、声を上げないで涙をこぼすときは泣と書いていることを知り、それを取り入れたのです。こ

うして漢字の書き分けが教養のある人たちのたしなみになりました。

ところでいま、「なく」について申しましたが、その説明はそっくり『操觚字訣』という本から拝借しました。この本は江戸時代の中ごろ、伊藤東涯（一六七〇〜一七三六）という儒学者が自分の便宜のためにこしらえたものです。『操觚字訣』とはなんだか難しそうな題名ですが、その意味は「文筆に従事するときの漢字についての奥の手」といったところでしょうか。中国語や中国の制度にくわしかった東涯先生が全知を傾けて自家製の異字同訓の解説書をつくった。そしてこの本のことがいつのまにか有名になり、東涯先生が亡くなってから出版され、江戸後期から幕末にかけてたいへんよく売れました。それどころか明治大正と出版されつづけ、いまでも名著普及会というところから復刻版が出ています。このことからも日本人が漢字の書き分けにいかに神経を使ってきたかがわかると思います。

さて、いよいよ、固、堅、硬の使い分け。まず「固い」は外から入り込まれたり、外から動かされたりしないこと。主に考え方や意志がかたいというようなときに使います。「堅い」は中身が詰まっていて、ちょっとやそっとでは形を変えたりしないこと。主に性格について使います。そして「硬い」は物がかたいこと、物が外から力を加えられても簡単に形や状態を変えないことに使います。

でも、こういう定義では、まだ違いがはっきりしませんね。こんなときに反対語が役に立ちます。「固い—ゆるい」「堅い—もろい」「硬い—やわらかい」と覚えておくとめったに間違いません。

もう一つ、大きな辞典にはある程度、異字同訓を書き分ける目安が説明してありますから、お小遣いをためて一冊手に入れてはどうでしょうか。それからさきの『操觚字訣』はとてもやさしく書いてありますから、中学生にでもなったらちょっと覗(のぞ)いてみてください。

興行の最終日を千秋楽というわけ

〔問〕芝居や相撲の興行の最終日を、なぜ、千秋楽というのでしょうか。

（長崎県・大串辰朗）

＊

この欄も今回でひとまず打ち納め、第一期連載はここにめでたく千秋楽、その最終回にふさわしい質問をありがとうございました。

《①法会（ほうえ）のときに奏する雅楽の曲名。常に最後に奏された。②〔転じて〕芝居・能楽・相撲などの興行期間の、最後の日》

（『学研国語大辞典』）

『大言海』もこの説を採っており、これを長い間信じてきましたが、たまたま平凡社の『新訂標準音楽辞典』を見ていたらこう出ていました。
《千秋楽は雅楽の曲名。……小曲で哀調をおびた曲。……なお物事の終りを「千秋楽」というのは、この曲が常に最後に奏されるところからきたという説は肯定しがたく、本曲が退出音楽に用いられたことはまれであり、むしろ能の演奏の最後に習慣的に歌われる『高砂(たかさご)』の一節「千秋楽は民を撫(な)で」に由来するとみられる》
気になって『岩波古語辞典補訂版』を引きました。
《①雅楽の曲名。……②謡曲、高砂のキリに謡(うた)う「千秋楽は民を撫で、万歳楽には命を延(の)ぶ……」という文句。祝言(しゅうげん)用の小謡(こうたい)としても謡われた。……③〈演能の最後に、祝言として②を謡ったところから〉物事の終り。また、興行などの最終日》
他にも何冊か国語辞典や能楽事典や演劇事典を調べましたが、たいてい岩波古語と似たような説明がほどこされていました。
そうやって得た知識を整理してみます。

能を大成した世阿弥は、能には祝祭的色彩が必要だと考えていました。一日の能の最後を祝言能で締めくくるというのも、そういう考えから出たことです。そして祝言能を省略するときは、尾能が終わってから地謡が祝言小謡を謡うことに決めました。これを付祝言といいます。もっとも尾能が『猩々』や『石橋』のように「めでたけれ」の文句で終わっていれば、祝祭性は保証されますから、付祝言はいりませんが、普通は『高砂』のキリの「千秋楽は民を撫で、万歳楽には命を延ぶ、相生の松風、颯々の声ぞ楽しむ、颯々の声ぞ楽しむ」が謡われます。大意はこうです。千秋楽を奏しては人びとのしあわせを、万歳楽（舞楽の名）を舞っては君の長命を祈る。この相生の神松の祝福に、松風の音までが平和な御代を楽しんでいることであるよ。

江戸期に入って、能は武士にとって必須の教養になり、集会の終わりには、この「千秋楽」と通称された祝言小謡を唱和するようになり、この祝祭性を歌舞伎の関係者たちが取り入れました。歌舞伎はごろ合わせの好きな業界、「秋」に「終」の音を、「楽」には「落」（落ち着く）の意味を見つけ、めでたいが上にめでたいと考えたわけです。千秋楽を「千穐楽」と書くことがありますが、これは「秋」の字の中にある「火」が火事を招くのを恐れたのでしょう。

今回は『学研国語大辞典』が損な役割を演じましたが、これも立派な辞典です。厚さは『広辞苑』ほどもあるのに百科事典的項目を排し、国語辞典に徹しています。そこでどんな辞句にも説明や用例がたっぷり、とてもおもしろい辞典です。

国語辞典、音楽事典、能楽事典、そして演劇事典などを辛抱強く引くと、この程度のことはどなたにもおわかりになります。これからは、はてなとお思いになったら、図書館へ駆けつけて出来る限りたくさんの辞典や事典を味方にお付けになりますように。

巻末座談会——井上ひさし氏に聞く

劇場の日本語

大岡　信
大野　晋
丸谷才一

丸谷　井上さんは芝居で一茶を書いているし、樋口一葉を書いているし、夏目漱石を書いている。啄木を書いているし、魯迅を書いている。文学者を取り上げることが非常に多いんですけれども、本居宣長には食指は動きませんでしたか。

井上　まず、きちんと読んでないということがあります。それと、カツラ代が高いだろうとか、着物に金がかかるとか。そういうところから芝居の企画は入っていきますから。それになんといっても、本居宣長はむずかしい。僕のいまの力では、お客さんが興味を持つような宣長にならないだろうということで、考えも及ばなかったです。

大野　宣長さんの恋愛だけでもおもしろいんじゃないですか。

井上　宣長の恋物語ばかり、というのもちょっとはばかられますし……。恋をしてというのが書いてありますね。ただ、今回、お三人のお話をうかがって考えが変わりました。積ん読の『本居宣長全集』（全二十巻・別巻三　大野晋・大久保正編／校訂　筑摩書房）を読まないといけないなと思っています。

大野　本居宣長という人は非常に冷静な人だったと思います、本性は。そして、みやびが好きな人ですね。町人で、小さいときに京都のみやびに憧れていた。若いころ自分の号を「華風」とつけてサインしているんだけど、気取った字なんですよ。若いころからみやびというものに対して憧れを抱く性の人だった。ところが頭の出来はみやびではない、非常に冷静な頭の出来ですよ。

こんなエピソードがあるんです。『万葉集』の巻の順序についての話なんですが、賀茂真淵に入門して三年半で、『万葉集』の順序はこうではないかと、いろいろ考えているわけです。現在の定説からはそんなに外れていないのですが、それを真淵先生に送った。そうしたら、逆鱗に触れてしまった。真淵先生にはお得意の説があって、巻の一、巻の二、巻の十三、その次は巻の十四の東歌、となっている。それと違ったことを言うものだから叱られた。――おまえは入門してまだ三年半なのに何だ、いろいろ言ってやっても従うふうがない、以後質問のこと無用なり、と。

これ以前に宣長は質問書をたくさん真淵先生に送っていました。半紙を折って、一面に三題くらいの質問を書くわけです。そうすると、真淵先生、はじめのうちは朱で、気取った字で返事をよこす。ところが真淵先生の困ったことに、宣長は『万葉集』のむずかしいことをみんな聞いてくる。真淵先生に答えられない質問が重なってくる。そういう欄はついに空白のまま送り返してくるようになった。しかも宣長は二度、『万葉集』全部にわたって通して聞いているんです。宣長は『万葉集』全部をちゃんと勉強していて、現代の研究者にも解けないものを聞いてくるんですから、真淵先生、答えられるはずがない。そこにもってきて、巻々の成立の論なのです。それでついに、「以後質問のこと無用なり」と。破門ですよ。ところが、次の行に「ただし、以後質問するにおいては」とあるんです。教師としては、あれだけできる生徒を追い出す気にはなれない。教師というのは弱いもので、できる生徒に対しては「あいつは」と思っている。だから真淵先生も宣長に対して、「以後質問のこと無用なり、ただし質問するにおいては……」、おまえは質問だけしてくるからよくない、自分の意見をつけてこい、と。（笑い）

大岡　先生としてはいい手を考えたものですね。

大野　あの破門状を見ると吹き出しちゃうんです。真淵という人は非常に素直な田舎の神主さんです。丸谷さんに聞いたんだけど、真淵が京都の御所に行って『源氏物語』の講釈をしたら、あんまり女のことを知らないんで、並んでいる女官たちがゲラゲラ笑った、と。

丸谷　国学院の学長の佐藤謙三さんがしてくれた話です。真淵という人は田舎者なんですよ。その点、国学者はだめなんで、それ以前の連歌師たちはみんな男女の仲に詳しかった。連歌師の『源氏』の読み方と国学者の『源氏』の読み方には大変な落差があった、という話だったんです。その話を僕は受け売りで何度も書いたわけ。

佐藤さんという人はむちゃくちゃに博覧強記なんです。西郷信綱さんが「あの人は書くものより話がおもしろい。何しろすごく読んでいるからね」といっていました。国学院の図書館の副館長をやっていた佐藤門下の三矢正旦という、僕の中学のときの学友が、佐藤先生は違うよ、国学院の図書館で、『群書類従』『続群書類従』『続々群書類従』を学生時代に全部読んで、この三つは大事な箇所の上に爪のあとが付いている。爪の跡がついていれば佐藤さんが読んだところだ、と言ってました。そんな学生いませんよね。だから、明治以後の先生が書いた概論書を読む学生とは違うわけですよ。

大野　真淵先生が青年期にどんな暮らしをしたか知らないけれど、宣長はあきらかに失恋したことがあった。友人の妹を思いつめていたんだけど、その女性が十六歳で嫁いでしまった。宣長はそうとうしつこい人ですから、その女性がだんなに抱かれているという妄想にとらわれて、医者修業をしていた京都で一人狂乱していたんですよ。

大岡　大野さんの想像力もすごい。（笑い）

大野　父親の葬式で松阪に帰る途中、津にあるその友人の家に寄って、お酒をごちそうになり、京都へ戻るときもまたその家に寄ってごちそうになっている。それなのに三年くらいたって松阪に引きあげてきたとき——それはその女性が嫁いだ後ですが、あれほど親しく立ち寄っていた親友の家なのにその道を避けて、寄っていないんですよ。大和路を通ってすっと帰っている。変ですよ。

丸谷　宣長は女が好きな人だったと思うし、女が好きだということを、日本の古典を読むことによって自分で肯定している。恥ずかしいことだとは思わない人だった。

大野　彼は京都にいたときそうとう遊んでいると思う。母親の手紙が残っていて、その中には遊んではいけないとは書いてないいけれども、お酒を飲み過ぎてはいけないとか、微に入り細にわたって書かれてある。あのとき二十六でしょう。親友に自分の意向を表明しておけばよかったのに、何にも言わなかった。だから、その親友の一家では、何も気づかなかった。宣長はひとりで苦しんでいる。『排蘆小船（あしわけおぶね）』にちゃんと書いてあるんですよ、人の妻を思うのはよくないことである、しかしそんなことだれがとめることができようか、と。こういう思想は儒教ではないですよ。仏教にしたって女なんて一人前のものと扱っていないから、そんなこと書いてない。本で読んだ知識ではないんですよ。

大岡　『万葉集』ですね。

大野　『万葉集』だって、人の妻を思って苦しむなんてのは、少しふざけた調子のものがあるかなあ。思ってるというのはいっぱいあるけれども、それに学んでどうというより、宣長の書き方は激烈ですね。

井上　長谷川伸の作品の主人公みたいですね。長谷川作品の主人公たちは、人の奥さんに惚（ほ）れてはいけないというのをたった一つの鉄則にしているんです。「しかし……」、ここでドラマが起きるんです。だけど、最後はその鉄則を通して去っていく、というのが長谷川伸のパターンなんです。

大岡　泣けてくるようなきれいさがあるんですね。

丸谷　そこをうまくすり抜けるわけだ。

大野　「一本刀土俵入」も同じだな。

大岡　寅(とら)さんのパターンですね。

丸谷　日本人が好きなところですね、モラルとの葛藤(かっとう)。

井上　長谷川伸の泣かせどころは、主人公の想いを第三者が知っているということですね。ドラマとしては安全になったところで、人妻にちょっと謎めいたことを言う、人妻はもちろん気がついているんだけど、ハッとなるところで幕切れになる。こういうパターンになっているわけです。宣長さんとその主人公がよく似ている。

丸谷　これこそ大和ごころです。それを排斥するのが唐ごころですよ。ただ、長谷川伸の場合には、アメリカ映画で入ってきたものによって肯定されたから書けたわけですね。アメリカ映画とか、西洋の恋愛肯定的な文化がないときに、宣長は自分の気持ちをどういうふうにして肯定することができたか、そこが大変な主題なわけです。

井上　なるほどなあ。

大野　宣長は、真淵先生に対して、先生は恋愛をしらないなと見抜いたんじゃないかな。「松阪の一夜*」でね。なぜかというと、松阪の一夜で真淵先生に会ったとき、日記に何と書いたか。「岡部衛士、新上屋（しんじょうや）に一宿、対面」とある。対面という言葉を、私は宣長の日記で調べたんです。上の人でも下の人でも、対等に、正式に対したときが対面なんです。

丸谷　曽我の対面はそうですね。

大野　京都に初めていったとき、漢学者・堀景山の門をたたきました。そのときは「謁（えつ）す」と書いてあります。真淵先生は、謁してもいいはずなんですよ、国学の大先生をわざわざ訪ねていったんだから。

丸谷　謁見と違うんですね。

大野　違います。とにかく、一行しか書いてないんです。

丸谷　僕なんかが小学校の教科書で読んだ「松阪の一夜」は、えらく詳しく書いてあるじゃないですか。

大野　あれは佐佐木信綱先生が創作したんですよ。

丸谷　そうですか。見てきたような調子だったけど……。

大岡　「卯（う）の花の匂（にお）う垣根に……」は、佐佐木先生の作品ですね。これは永福門院の歌などをもじっていると思うけれども、大変な才能ですよ。

大野　真淵先生が松阪に来たとき、新上屋で彼らはどんな話を交わしたのか。一つは、『古事記』を読まなければいけない、ということ。これは真淵先生が縷々述べたと思うんです。宣長は、まことにそうだと受け取ったと思う。それだけだったのだろうか。そこで僕の手掛かりは、新上屋で会った二週間後に書いた、『紫文要領』の跋文です。この『源氏物語』の総論の最後のところで宣長は、「これは私個人の意見であって、お師匠の意見ではない。この文章は私のような知られていない人間が書いたからといって無視してはならない。文章がまずいからといって無視してはならない。これは私が書いたものである」という件りがあるんです。なぜこんなことを書く必要がありますか。宣長は冷静な人でした。彼の全部の著作を通じてこんな激烈な文章は珍しい。

そこで僕はこう考えたんです。宣長は真淵先生に、『源氏物語』は恋の話、つまり男女の「あはれ」を書いたもので、「あはれ」というのは春夏秋冬の季節のうつろいをいう。その「あはれ」の中で最もあはれの極まるのが男女のことである、そのあわれの極まりである男女の間のことを書いたのが『源氏物語』だと思います、そう言ったんじゃないか。『紫文要領』の全体にそういうことが書いてあるんです。ところが真淵先生、宣長のいうことが理解できなかった。打てば響くように、そうだとは言ってくれなかったんじゃないか。それで、ああ、この人はわかっていないんだ、と宣長は思ったんですよ。

丸谷　さっきの佐藤さんの話と合う。

大野　ぴったしカンカンです。

丸谷　佐藤さんは何かで読んだんですね。

大野　真淵が京都でうんぬんという話は、どこに書いてあるのか分かりませんが、真淵の残した『源氏物語』の注釈書である『源氏物語新釈』を読んでみると、宣長が読み取ったようなことは書かれていない。だから、真淵は『源氏物語』を読めてないんですよ。読めてないに違いない。

丸谷　僕は真淵の『源氏』は読んでないんだな。こんど読んでみましょう。

大野　だから、宣長は、この先生は『古事記』の学者としては偉いかもしれないけれども、『源氏』はわかってないと見抜いた。『源氏』は宣長にとって大事な作品なんです、生きるか死ぬかの作品です。若い者はいわゆる大先生に会うと、ものすごく緊張して、こっちのいうことを相手はどう受け取ってくれるかについて神経を集中するじゃないですか。こっちのいうことに同意してくれればうれしいし、そっぽを向かれたらムッとする。宣長もきっとそうだったと思うんです。必死の思いで言ったのが全然反応が悪かった。だから、謁しなかった、対面したんですよ。その冬、結局真淵は入門を許可して宣長は弟子になった。その日の記事にも「対面」とあります。入門後は、とにかく『万葉集』のわからないところをみんな聞いてくる。それがものすごくたくさん残っている。本居記念館にあります。国宝ものですよ。

大岡　おもしろいですね。

丸谷　ところで話は元に戻りますが、昔の文学者を芝居にするとき、いちばんむずかしいことは何ですか。

井上　作品を書いているときに、苦しんでいたかどうかですね。どれほど苦しんでいたか。みんな苦しんでいたというふうにみたいわけです。自分が苦しんでいるから。それと、大きな名前で僕らに迫ってくる人をふつうの人間に戻して、この人がこんな大きな仕事をする力というのは何だろう、と考える。つまり、おこぼれにあずかるというか、手本にしよう、こっち側の役に立てたい、そういうさもしい動機もあるんです。

芝居にするという意味で、いちばん大きな理由はセリフです。明治なり江戸のものを書いている人たちを主人公にしたとき、非常に強いセリフを書けるわけです。いま劇場では、ボソボソいう普通の会話で演劇を成立させようという大きな流れがあるんです。ところが、僕はセリフで世の中全体にとりつくまでいかなくてもぶつかる、そういうタイプの芝居もなければいけないだろうと思っています。そっちのほうが好きなんです。たとえば、今度の『黙阿彌オペラ』(一九九五年一月初演・新潮社刊)でいうと、当時のいろんなもの、滑稽本や芝居の本を読むと、「清く」という副詞を、あっさりと何かしてくれという意味で使っているんですね。「清く空けてくれ」とか、「清く飲んでくれ」とか、「清く貸してくれ」とか。同じ日本語でありながら、非常に新鮮で、説得力があって、丸谷さんの言葉を借りれば語感がピタッとくる。黙阿彌を扱うことによって、そういう言葉を復活させることができておもしろい。そして、いまの同時代の人たちと、こんな言葉を使ってみんな生きてたんだということを一緒に体験していく、その興味が大きいんです。

もうちょっとまとめると、私の芝居ではセリフというのは、つくられてつくられて、うんとつくられたものである。ところがもう一方では、自然に自然にボソボソ言う、そういう流れもある。けれども、それだけになっちゃうと劇場で聞こえてくる日本語がまったくつまらなくなる。逆の行き方で芝居をつくっていく人間がいてもいいだろうということなんです。文学者は、ふだんの言葉遣いでもいろいろレトリックを使ったり、同じ夫婦げんかをしても違う夫婦げんかをするんじゃないかなと考えたんです。

丸谷　セリフが、粒が立つセリフを言うための条件が整っている登場人物としては、文学者が非常に具合がいいということになりますね。

井上　そういうことですね。

丸谷　そこのところがたぶん眼目だろうなと思ってたんです。石川淳さんと銀座のバーにいくと、ホステスたちの言うセリフと比べると、石川さんのセリフは俄然光るわけですよ。粒が立つんだな。下谷のふつうの人がいうセリフと樋口一葉がいうセリフとは全然違うというのは当たり前なわけなんですね。

井上　おっしゃる通りです。そこでガヤガヤ騒ぐを、当時の言葉で「ドッピドッピ騒ぐ」という。言葉としてはとても強くていいんです。それにいま聞いても意味も語感もわかるんですね。だから、漱石なら漱石、一葉なら一葉の時代のいろんなものを読んで、そこで一葉を取り巻いていた日本語を架空につくって、それをそっくりお客さんの前に運んでくる。お客さんもとても生き生きと見ています。

丸谷　なるほどな。とてもよくわかるな。

井上　方法論はそれだけです。芝居というのは、昔から見にいくのか聞きにいくのかというのがあって、僕がたいへん尊敬している演劇評論家の根村絢子さん——あとで知ったんですけど、丸谷さんの奥様だったんですが、その根村さんが、いまの芝居はみんな作者も何も、見せよう、見せようとしているけれども、芝居というものはセリフを聞きにいくものだ、と書かれた評論を読んだんです。当時の新劇の小屋には意味しかない、意味を運ぶ音をみんな無視して、意味さえ伝わればいいんだ、大事なことを言っているんだから。言い方がどうだろうとお客はわかる、というのが全盛でした。そういうのに嫌気がさしていたときに、芝居というものは聞くものですよ、フランスでもイギリスでも芝居を見にいくとは言わずに聞きにいくというんですよ、ということが書いてあった。そういえば黄表紙の洒落本で江戸の人たちも「芝居を聞きにいく」と言っているのがあったな、と思い出しました。とにかく、いいセリフでないと何も始まらない。じゃ、そこに向かってコツコツ努力しようというのが私の作劇法です。

台本を読んでおもしろさがわかるという芝居。テキストを読んで、上演されてみないとわからないという中にも、とてもいい芝居がありますけれども、少なくともテキストを読んだときに、おもしろいねとわかる芝居を書く。つまり、セリフを粒立てるというか、そういう人間が一人ぐらいいないと、業界全体のバランスがいかがなものかなという感じなんです。

大野　その『黙阿彌オペラ』を拝見したばかりなんですが、そのお考えはかなり具体化されているように思いました。

大岡　言葉が客席のいろんなところでちゃんと波紋を生んでますね。

丸谷　それから、井上さんの選ぶ役者のセリフの言い方がよくて、きちんと聞こえます。ほかの劇団の、ことに若い劇団の場合、セリフがほとんど聞こえないことが多い。

井上　雰囲気で、スモークをたいたり、照明を変えたりして、情緒的に展開していくほうに、若い人は感覚として入っているんですね。でも、おもしろい日本語、たとえば「清く空けてくれ」なんて言うと、若い人からとてもいい反応が来ますよ。

丸谷　若い劇団を見ていると、テレビの当て込みが多いようですね。僕はわからないけれども、お客は喜んでいるから、僕の見ていないものの関係らしい、どうもテレビらしいということなんですが、テレビの当て込みで騒がれると、クラス会に別のクラスの人間が入っていったみたいな感じになるんですね。劇場というものは共同体的なものだといわれますが、あれじゃあ共同体という概念が非常に低くなっている気がします。

大岡　じゃれあいですね。

井上　つまり、テレビが共通の話題であり、ルールであり、いまは、それしかつながるものがない。たしかに表面的には受けるけれども、かえって若い人はそれを捨てたらおもしろいんですが。集まったお客さんと最初からルールをつくればいい。おもしろいテーマでおもしろい話で、いいセリフで、そこでルールをつくっていけばいいんです。

丸谷　そうそう。普遍的なルールをそこでつくればいいわけだ。

井上　それが発展して、ふくれ上がって、山場を迎えて、というのをきちんとつくればいいんですけれども、それをつくらずにテレビで当たっているもの、テレビのおもしろいCMとか連続ドラマをすっと持ってくるから……。

丸谷　ルールの密輸入みたいなことをやっちゃうんだ。

井上　自由貿易というか。ここは管理貿易、保護貿易をやって国産品をちゃんと育てるということをしたら……なかにはそうやっている若い人がいまして、そういう人はとてもいい仕事をしています。

大岡　僕は三日前にうれしいことがありました。半年以上ぐずぐずしていてやっとモノオペラを書き上げたんです。休憩を入れれば二時間近くになると思うんですけれども、モノオペラですから、一人の歌手が歌うだけなんです、ソプラノ歌手が。歌手はドイツやオランダ、英国でも活躍している豊田喜代美さんで、一柳慧（とし）さんに曲を頼んだんです。上演する館は五館ぐらい日取りまで決まっています。

　オペラというのはドラマチックなものですから、たった一人の歌手でドラマチックなものをやるにはどうしたらいいか、ぼう然としていましたが、二、三か月前に本格的にはじめて、ようやく書き上げたんです。そのときの鉄則は唱われても人にわかる言葉、しかも日本語のみやびな言葉から世俗的な言葉まで全部含めよう、と。一幕めは平安末期の壇の浦を舞台にして、そこに出てくる上臈(じょうろう)女房が主人公です。二幕めは現代の日本の女の人で、二人の間にある種の共通性を持たせようとしました。一幕めでは、文語的なセリフも入れました。いまはホッとしてますが、あと一週間ぐらいすると、どうなりますか。

　豊田さんが言うのに、「私は外国でしばしば歌っています。日本に帰ってきて外国の歌曲を歌う場合、原語で歌うか翻訳で歌う。けれど、じつは一番やりたいことは、オリジナルな、ちゃんとした日本語でオペラを歌いたいのです。日本語でだってオペラは作れると思います」と。日本でできたオペラをヨーロッパにもっていって、日本語で歌いたい。日本語というのはこんなにも美しいと思えるような歌を歌いたい、というんです。若い歌手の中に、そういう人が出てきてますね。芝居のほうでも、若手で出てきているんじゃないですか。

井上　たくさん出てきていますね。

大岡　理解できる日本語で、きちんとしたドラマを書ける人が増えてきましたね。

丸谷　レトリカルであるということは論理と両立するということ、それがずっと長い間理解されていなかったと思うんです。つまり、きれいな日本語、美的な日本語はわけのわからない日本語だという迷信があったという気がします。それを主としてつくったのは日本の詩人だね。

大岡　美文の伝統が変な形でそうなってるんですね。自然主義が出てきてから、美文の伝統は軽蔑されるものになって、そのために保つべき美文のよき性質まで一緒くたに否定された。自然主義になってからは平明なことしか通じなくなって、美しく、張りのある、歌いあげるようなものは全部不潔だ、変な和文趣味の伝統に浸っている、ということになった。こうした一刀両断は間違いです。

丸谷　自然主義の反動として出てきたのが三島由紀夫の日本語ですね。これまた実に非論理的であればあるほどレトリカルだという気持ちの文章処理です。だから、意味のきちんと通じない日本語で書く文学が高級だという考え方が多かったような気がします。

大岡　一見、逆の感じだけど、乱暴であればいいみたいな形になってますね。わざわざ乱暴にしていくことによってバイタルな生命力が表現できると思っている人もいるんじゃないですか。日本語としての体をなしてないものを書きながら。

丸谷　それを革命的な行為、言語革命みたいに思っている。

井上　それは間違いですね。

丸谷　ごくふつうの基本的な伝達力があって、その上で初めて表現の美とか、いろんな工夫とかがありうるわけです。

井上　元金保証がきちんと伝わること。あとはすべてその上での勝負なんですね。そうでなければお客さんも読者もいらない。

＊宝暦十三（一七六三）年、宣長は松阪に立ち寄った賀茂真淵を宿泊先の新上屋に訪ね、生涯一度の対面をした。その出会いのさまを、国文学者の佐佐木信綱が「松阪の一夜」と題してまとめ、のちに国定教科書に載せられた。

解説
ことばへの温かなまなざし

飯間浩明

『週刊朝日』で「日本語相談」の連載が始まったのは一九八六年。当時、私は大学一年生でした。大野晋、丸谷才一、大岡信、そして井上ひさしと、日本語を語らせたら最強の四人が交替で回答するという、この上なく贅沢な企画です。私は『週刊朝日』を毎週購入し、連載を読みふけっていました。

学究の大野、洞察の丸谷、感性の大岡、どれも読みごたえがあった。なかでも、井上さん（と、以下は親しみを込めて敬称をつけます）の回答は、ことばの本質をユーモアを交えて説くもので、毎回楽しく読んでいました。

「日本語相談」は大人気となり、約六年続きました。和田誠による装丁で単行本も刊行され、全五巻にまとまりました。私はこれも発売と同時に買い求め、再読、三読したものです。その後の経緯は巻末の書誌情報を見ていただきましょう。本書はそのうち井上さんの回答分のみを抜粋したものです。

今、改めてその文章を読み直してみると、現在の私自身のことばに対する考え方が、井上さんから大きな影響を受けていることに気づきます。

井上さんの回答の特徴は、ことばを自分の目で見ていること、しかも、温かなまなざしで見ていることです。

ことばを自分の目で見るとはどういうことか。参考文献の説を紹介して事足れりとするのではなく、実際の例を自分で観察するということです。

たとえば、「『より』と『から』正しいのはどちら?」という質問（四八ページ）に対して、井上さんは「どちらを使ってもまちがいではない。ただし、よりはからと較（くら）べるとやや文語臭がある」と、一九四一年の新聞記事の例を基に説明します。たしかに、見出しでは「北部より全面後退」、本文では「○○から進撃」とあり、違いが鮮明です（この「○○」は、戦時中のため地名が伏せ字だったんですね）。

あるいは、「略語になじめない」という質問者（一九八ページ）に対して、井上さんは「神経質になってはいけません」と助言した上で、当時現れた短い新社名の実例を豊富に列挙します。ニチロ、オムロン、兼松、きんでん、サクラダ、メルクス、シーコム……。メモ魔だった井上さんの面目躍如です。

ことばについて考えるためにまず必要なのは、何と言っても実例です。人々が漠然と「こうじゃないか」と思っていることが、実例によって補強されたり、または、はっきりと否定されたりします。実例を引いて論じる井上さんの文章は具体的で、格別の説得力があります。

ことばに対して井上さんが温かなまなざしを注いでいることは、特に強調しておく必要があります。今挙げた問答の中でも、井上さんは「どちらを使ってもまちがいではない」「神経質になってはいけません」と述べ、ことばを硬直的に考えることをやんわりと戒めています。

どんなことばも否定的に見ない、という井上さんの考え方は筋金入りです。「ニホン、ニッポン、どっち?」という質問（二一ページ）に対しては、「由緒（ゆいしょ）のある二本立て」と、まずはしゃれで答えます。もちろん、しゃれだけの話ではなく、井上さんの言うとおり、「日本」は室町時代にはすでに「ニホン」「ニッポン」両様に読まれていました。ちなみに、二〇〇九年六月、政府は「（日本の読みを）どちらか一方に統一する必要はない」と閣議決定しています。

あるいは、「紋切り型」に批判的であるらしい質問者（四三ページ）に対して、井上さんは「私は紋切り型表現の支持者の一人です」と表明します。新たな表現を作り出すべき文学者が紋切り型を肯定するのは、一見奇妙です。でも、ことばの本質は紋切り型だ、紋切り型だからこそ相手に伝わる、という趣旨のことを、井上さんは説いていきます。「おはよう」「ごはんですよ」「おいしいね」など、私たちは紋切り型を組み合わせることで、互いに心を通わせます。文学的表現ではない紋切り型の大切さを、井上さんは正当に評価しています。

　また、「一番最初」などの重言について「まちがっていると解釈すべきでしょうか」という質問（五三ページ）。井上さんは「『後悔するなよ』と云うより、『あとで後悔するなよ』と云うほうが調子が整って云いやすい」と述べ、「筆者は重複表現をまちがいだとは考えておりません」と明言します。たしかに、修辞学の「冗語法」と考えれば説明がつきます。ついでに私の解釈を述べれば、「あなたは過去に自分がしたことを、現在は後悔していなくても、あとで（＝将来）後悔するだろう」という文脈であれば、論理的にもおかしくないと考えます。

「すみません」の乱用を嘆く質問（九四ページ）もありました。井上さんは「この手の一種の挨拶語はどんなに貧弱で貧困なものであれ、流行らないより流行ったほうがずっとまし」と喝破します。無言で相手の反感を買うよりは、まずは挨拶をしたほうがいいというのは、私も大賛成。無言は限りない疑心暗鬼を生みますが、ちょっとした気軽な挨拶が、その疑心暗鬼をあっさり解消します。

このほか、「総務課さん」「健康課さん」などの言い方が「文法上、誤っている」という意見（一七八ページ）に対しては、「文法上は、なんの問題もない（略）。体言に付いているかぎり、表立った咎め立てはできない」と早とちりを指摘。スポーツ紙のあて字が気になるらしい質問者（二〇三ページ）には、「あて字は一種の民間文芸のようなもの、いくらでも許されていい」と鷹揚な姿勢を示します。ことばを否定的にとらえようとする質問者に、井上さんは肯定的な別の視点を提供します。

さすがの井上さんも、ちょっと答えに困っているらしい場面もあります。そのいくつかについて、私の参考意見を述べてみましょう。

「申されました」という井上さんのことば遣いは正しいのかと疑う質問（三八ページ）。井上さんは、「誤用と考えてよい」という辞書の説明を引用しつつも、この場合の「申す」は謙譲の意味が薄れているのではないかという趣旨のことを述べます。私は、井上さんはなんら恐縮する必要はないと考えます。中世には、尊敬表現として「参られた」（＝いらっしゃった）、「申された」（＝おっしゃった）などのことばが使われました。荘重語という敬語の一種で、現代語の「申された」はこの残存です。先の辞書が「誤用」と記しているのは、正当ではありません。

「国字は全部でいくつぐらいあるのでしょうか」という質問（一〇九ページ）に対し、

井上さんは『岩波漢語辞典』で百字あまり、『新撰字鏡』で約四百字という数字を挙げ、『大漢和辞典』も調べたいといいます。ただ、『大漢和』は必ずしも国字を網羅していません。現在のところ、国字に関しては、飛田良文（ひだよしふみ）監修・菅原義三（すがわらよしぞう）編『国字の字典』（東京堂出版）が参考になります（井上さんの回答より後に刊行されたもの）。この字典には、実に千五百字を超える国字が載っています。

「小股の切れ上がった女」などの「小」に関する質問（一二二ページ）。「小股」が何かはよく話題になり、井上さんも三つの説を紹介しています。ただ、「小股」という部分があるわけではなく、「小＝ちょっと」と考えるのがいいでしょう。「小首をかしげる」は「ちょっと首をかしげる」、「小耳に挟む」は「ちょっと耳に挟む」。同様に、「小股の切れ上がった」は「股がちょっと高くまで切れ込み、足が長い」ということ。井上さんも後に『ニホン語日記②』でこの説を採用しています。

「大地震」を放送で「オオジシン」と読む理由（二七四ページ）。一般に「地震」のように下に音読みの熟語が来る場合、「大」は「ダイ」と読むはず。でも、「〔ダイ〕よりは語感が柔らかな和語系の〔オオ〕にした」というのが井上説です。私もそう思いますが、もうひとつ、身近なことばは、下が音読みでも「大」を「オオ」と読むことが多いのです。「大火事・大喧嘩（げんか）・大掃除・大騒動・大人数・大舞台」など。

「大地震」は、中世には「ダイジシン」とも読まれましたが、庶民がよく口にするようになり、「オオジシン」の読みが一般化したと考えられます。

『日本国語大辞典』に載る最長の語は何か（二〇〇ページ）。井上さんは「りゅうぐうのおとひめのもとゆいのきりはずし（龍宮乙姫元結切外）」を探し出しました。長い植物名です。でも、もっと長い語もありそう。探索してみると、「公共企業体等労働組合協議会」というのを見出（みいだ）しました。「キョ」「ギョ」を一音とすれば二十四音です。ちなみに、『大辞林』第四版（電子版）には「郵便貯金簡易生命保険管理・郵便局ネットワーク支援機構」という、さらに長い語もあります。

「とてもうれしかったです」という表現を、先生が「とてもうれしいでした」に訂正したという事例（二二八ページ）。不思議な訂正のしかたです。これは鹿児島県の人からの質問であることに鍵がありそうです。井上史雄（いのうえふみお）・鑓水兼貴（やりみずかねたか）『辞典〈新しい日本語〉』（東洋書林）には、鹿児島方言の「ウレシュゴワシタ」が影響して「ウレシイデシタ」と言う例が紹介されています。おそらく、先生が普段使う書きことばに鹿児島方言が影響していたのでしょう。

……などと、つい調子に乗って、私の考えをいろいろ書きつけてしまいました。

「あなたに日本語相談をしてるわけじゃないよ。井上さんの回答が読みたいんだ」

という声がいっぱい飛んできそうなので、このへんでやめておきます。こうやって、あれこれと自分の意見を言いたくなるのも、井上さんが読者の考えを触発するように文章を書いているからです。

最後に、井上さんがいかにことばに愛情を持っているかが分かる文章を引用します。名詞がサ変動詞になるかどうかを考察するなかで、彼はこう述べます。

「夜も眠らずに市民の生活を守ってくれているのはなにもガードマンのみなさんばかりではありません。わたしたちの気づいていない大小さまざまな言語法則が昼夜をわかたず活動して、わたしたちの言語生活を守ってくれているのです」(一四八ページ)

ことばの法則という抽象的なものを擬人化し、「自分たちの言語生活をガードしてくれてありがとう」と感謝をにじませています。ことばに対する愛情、そして深い敬意が感じられる一節です。井上さんの回答のなかに「このことばはダメ」「この言い回しはまちがい」という表現が見当たらないのは、ことばを自分の仲間のように考え、人格を認めているからかもしれません。

(いいま　ひろあき／国語辞典編纂者)

初出

連載：週刊朝日　一九八六年八月八日号〜一九九二年五月二十九日号

小社より一九九五年十月に、単行本の共著『日本語相談』（一〜五、一九八九年三月〜一九九二年十一月刊）を回答者別に再編集した朝日文芸文庫版刊行、二〇〇二年八月に単行本版刊行。二〇一一年十月に新潮社より文庫版刊行。

本文校訂について

1、原則として、原文を尊重した。ただし、明らかな誤表現は、著作権者の承諾を得て訂正あるいは削除した。

2、送り仮名は、一九八一年の内閣告示に基づく「送り仮名の付け方」に拠らず、作者の表記法を尊重して、みだりに送らない。

3、振り仮名については、編集部の判断で適宜、加筆ないし削除した。

井上ひさしの日本語相談　朝日文庫

2020年11月30日　第1刷発行

著　者　井上ひさし

発行者　三宮博信
発行所　朝日新聞出版
〒104-8011　東京都中央区築地5-3-2
電話　03-5541-8832(編集)
03-5540-7793(販売)
印刷製本　大日本印刷株式会社

Published in Japan by Asahi Shimbun Publications Inc.
定価はカバーに表示してあります

ISBN978-4-02-262033-0

落丁・乱丁の場合は弊社業務部(電話 03-5540-7800)へご連絡ください。

送料弊社負担にてお取り替えいたします。

内田 洋子
イタリア発イタリア着

留学先ナポリ、通信社の仕事を始めたミラノ、船上の暮らしまで、町と街、今と昔を行き来して綴る。静謐で端正な紀行随筆集。《解説・宮田珠己》

星野 博美
戸越銀座でつかまえて

四〇代、非婚。一人暮らしをやめて戻ったのは実家のある戸越銀座だった。〝旅する作家〟が旅せず綴る珠玉のエッセイ。《解説・平松洋子》

松村 栄子
ひよっこ茶人、茶会へまいる。

お茶とは無縁の著者が、京都で紛れ込んだお茶会で見たものは？ 茶道世界の摩訶不思議な出来事を素人ゆえの無邪気さで描くほのぼのエッセイ。

車谷 長吉
人生の救い
車谷長吉の人生相談

「破綻してはじめて人生が始まるのです」。身の上相談の投稿に著者は独特の回答を突きつける。凄絶苛烈、唯一無二の車谷文学（ワールド）！《解説・万城目学》

伊藤 比呂美
読み解き「般若心経」

死に逝く母、残される父の孤独、看取る娘の苦悩。苦しみの生活から向かうお経には、心を支える言葉が満ちている。《解説・山折哲雄》

川上 未映子
おめかしの引力

「おめかし」をめぐる失敗や憧れにまつわる魅力満載のエッセイ集。単行本時より一〇〇ページ増量！《特別インタビュー・江南亜美子》

柴田　元幸
生半可版　英米小説演習
メルヴィル、サリンジャー、ミルハウザーなど、古典から現代まで英米作家の代表作のさわりと対訳、そして解説をたっぷりと！《解説・大橋健三郎》

柴田　元幸
翻訳教室
東大人気講義の載録。九つの英語作品をどう訳すか。日本語と英語の個性、物語の社会背景や文化まで知的好奇心の広がる一冊。《解説・岸本佐知子》

大江　健三郎
「伝える言葉」プラス
人生の困難な折々に出合った二四の言葉について語る、感銘と励ましに満ちたエッセイ。深く優しい「言葉」が心に響く一冊。《解説・小野正嗣》

大江　健三郎
定義集
井上ひさしや源氏物語、チェルノブイリ原発事故の小説など、忘れがたい言葉たちをもう一度読み直す、評論的エッセイの到達点。《解説・落合恵子》

沢木　耕太郎
銀の森へ
『グリーンマイル』『メゾン・ド・ヒミコ』『父親たちの星条旗』などの映画評から始まるエッセイ集・前編。《解説・石飛徳樹》

沢木　耕太郎
銀の街から
『バベル』『ブラック・スワン』『風立ちぬ』などの映画評から始まるエッセイ集・後編。文庫版あとがきを収録する。